하느님의
교사를 위한
지침서

기적수업
A Course in Miracles · Manual for Teachers

기적의 향기

2017년 5월 1일 초판 1쇄 인쇄
2017년 5월 9일 초판 1쇄 발행

옮긴이 유현숙
교정·교열 서해영 이영종 정수성
감수 이기문
디자인 전인애
펴낸이 정수성
펴낸곳 도서출판 기적의 향기
등록번호 544-99-00260
등록일자 2017.03.16
주소 대전시 유성구 계룡로 105번길 15, 715호
대표전화 (042) 824-6188
팩스 (0505) 871-1880
카페 cafe.naver.com/acimstudy
ISBN 979-11-951572-1-1

이 도서의 국립중앙도서관 출판시도서목록(CIP)은 서지정보유통지원시스템 홈페이지(http://seoji.nl.go.kr)와
국가자료공동목록시스템(http://www.nl.go.kr/kolisnet)에서 이용하실 수 있습니다.
(CIP제어번호 : CIP2017008750)

[하느님의 교사를 위한 **지침서**]

서문

1   세상의 사고방식에서 가르치는 역할과 배우는 역할은 실제로 뒤바뀌어 있다. 그 뒤바뀜(reversal)은 특징적이다. 가르치는 자(teacher)와 배우는 자(learner)는 마치 서로 분리되어 있고, 가르치는 자는 자신이 아닌 배우는 자에게 무언가를 주는 것처럼 보인다. 더 나아가 가르치는 행위는 사람이 자기 시간 중에서 상대적으로 적은 부분 동안만 참여하는 특별한 활동으로 간주된다. 반면에 이 수업은 가르치는 것은 배우는 것임을, 따라서 가르치는 자와 배우는 자는 똑같음을 강조한다. 이 수업은 또한 가르치기는 끊임없이 계속되는 과정임을 강조한다. 가르치기는 하루의 매 순간 계속될 뿐만 아니라, 잘 때의 생각 속으로도 이어진다.

2   가르치는 것은 드러내 보이는 것(to demonstrate)이다. 단 두 가지 사고체계만 존재하며, 너는 항상 둘 중 어느 것을 참이라고 믿는지 드러내 보인다. 네

가 드러내 보임으로써 다른 이들이 배우며, 너도 그러하다. 문제는 네가 과연 가르칠 것인지 아닌지가 아니다. 그것에는 선택의 여지가 없기 때문이다. 이 수업의 목적은, 네가 배우고 싶어 하는 것에 근거하여 네가 가르치고 싶어 하는 것을 선택할 수단을 제공하는 것이라고 말할 수 있다. 너는 다른 누군가에게는 줄 수 없다. 너는 바로 이 사실을 가르치기를 통해 배운다. 가르치기는 단지 네가 믿는 것을 입증할 증인들을 불러들이는 것에 지나지 않는다. 가르치기는 회심(conversion)의 한 방법이다. 이것은 말만으로는 이루어지지 않는다. 모든 상황은 네가 누구인지 다른 이들에게 가르치고, 그들이 누구인지 너 자신에게 가르치는 기회임에 틀림없다. 그 이상은 아니지만, 그 이하도 결코 아니다.

3 그러므로 네가 짜는 커리큘럼은 전적으로 너 자신을 누구라고 생각하는지, 다른 이들과의 관계가 네게 무엇이라고 믿는지에 의해서만 결정된다. 공식적으로 가르치는 상황에서 이런 질문은 네가 가르치고 있다고 생각하는 것과는 관련이 전혀 없을 수도 있다. 하지만 어떤 상황이든 그 내용을 네가 정말로 가르치는 것, 따라서 정말로 배우는 것을 위해 사용하지 않는 것은 불가능하다. 그것은 네가 가르치는 것의 언어적 내용과는 전혀 무관하다. 그것은 언어적 내용과 일치할 수도 있고 그렇지 않을 수도 있다. 너를 가르치는 것은 바로 네가 말하는 것의 저변에 있는 가르침이다. 가르치기는 단지 네가 너 자신(yourself)에 대해 믿는 것을 강화할 뿐이다. 가르치기의 근본적인 목적은 자기 의심(self doubt)을 감소시키는 것이다. 이것은 네가 보호하려는 자아(self)가 실재한다는 의미는 아니다. 오히려 그것은 네가 실재한다고 생각하는 자아가 바로 네가 가르치는 것임을 의미한다.

4 이것은 불가피하다. 거기서 벗어날 길은 없다. 그렇지 않겠는가? 이곳의 모든 사람들은 자신의 마음을 바꾸기 전에는 세상의 커리큘럼을 따른다. 그들은 단지 자신이 진정한 자신이 아닌 그러한 존재라고 스스로를 설득하려고 가르친다. 여기에 세상의 목적이 있다. 그렇다면 다른 무엇이 세상의 커리큘럼일 수 있겠는가? 이렇게 자포자기와 죽음 말고는 아무것도 가르치지 않는 희망 없고 폐쇄된 학습 상황 속으로, 하느님이 당신의 교사들을 보내신다. 그리고 그들이 하느님의 기쁨과 희망의 레슨을 가르침에 따라, 그들의 배움이 마침내 완성된다.

5 하느님의 교사들이 없다면 구원의 희망은 없을 것이니, 죄의 세상이 영원히 "실재하는" 듯이 보일 것이기 때문이다. 자신을 기만하는 자는 기만할 것이니, 그들은 기만을 가르칠 수밖에 없기 때문이다. 이것 말고 무엇이 지옥이겠는가? 이것은 하느님의 교사들을 위한 지침서다. 그들은 완벽하지 않다. 그랬다면 그들은 이곳에 있지 않을 것이다. 하지만 이곳에서 완벽해지는 것이 그들의 소명이므로, 그들은 완벽함을 배울 때까지 많고 많은 방법으로 다시 또다시 가르친다. 그리고는 그들은 더 이상 보이지 않는다. 비록 그들의 생각은 영원히 힘과 진리의 근원으로 남아있지만 말이다. 그들은 누구인가? 그들은 어떻게 선택되는가? 그들은 무엇을 하는가? 그들은 자신의 구원과 세상의 구원을 어떻게 이뤄낼 수 있는가? 이 지침서는 이러한 질문에 답하려 한다.

1. 하느님의 교사는 누구인가?

1 하느님의 교사가 되겠다고 선택하는 자는 누구나 하느님의 교사다. 그의 자격 요건은 다만 다음과 같다; 어떤 식으로든, 어디에선가 그는 자신의 이해관계가 다른 누군가의 이해관계와 분리되어 있다고 보지 않겠다는 의도적인 선택을 했다. 일단 그렇게 하면 그의 길은 확고해지고, 갈 방향도 확실하다. 한 줄기 빛이 어둠 속으로 들어왔다. 그것은 단 한 줄기 빛일 수도 있지만, 그것으로 충분하다. 비록 그가 아직은 하느님의 존재를 믿지 않을지라도, 그는 하느님과 계약을 맺었다. 그는 구원을 가져다주는 자가 되었다. 그는 하느님의 교사가 되었다.

2 그들은 세상 어디에나 있다. 그들의 종교는 모든 종교를 망라하며, 종교가 없는 경우도 있다. 그들은 응답한 자들이다. **부르심**(Call)은 보편적이다. 그것은 모든 시간과 모든 곳에서 계속된다. 그것은 자신을 대변해 말하고 세상을 구원할 교사들을 부른다. **부르심**을 듣는 자는 많지만, 응답할 자는 적을 것이다. 그

러나 그것은 단지 시간문제일 뿐이다. 결국에는(in the end) 모든 이가 응답하겠지만, 결말(the end)은 까마득히 멀 수도 있다. 바로 이런 이유로 교사들을 위한 계획이 세워졌다. 그들의 기능은 시간을 절약하는 것이다. 각자는 단 한 줄기 빛으로서 시작하지만, 중심에 **부르심**을 간직한 그 빛은 결코 제한될 수 없는 빛이다. 각 교사는 세상이 시간을 판단하는 바에 따르면 천 년의 시간을 절약한다. 하지만 **부르심** 자체에게는, 시간은 아무 의미도 없다.

3 각각의 하느님의 교사에게 주어진 수업이 하나씩 있다. 수업의 형식은 천차만별이다. 관련되어 있는 특정한 가르침의 도구도 그러하다. 그러나 수업의 내용은 결코 변하지 않는다. 수업의 중심 주제는 항상, "하느님의 아들은 죄가 없으며, 그의 순결함에 그의 구원이 있다." 이다. 이것은 행위나 생각으로, 말을 사용하거나 소리 없이, 어떤 언어를 사용하거나 언어 없이, 장소와 시간을 가리지 않고 어떤 방법으로든 가르칠 수 있다. 교사가 **부르심**을 듣기 전에 누구였는지는 중요하지 않다. 그는 응답함으로써 구원자가 되었다. 그는 다른 누군가를 자기 자신으로 여겼다. 따라서 그는 자신의 구원과 세상의 구원을 발견했다. 그의 재탄생(rebirth, 거듭남) 안에서 세상이 다시 태어난다.

4 이것은 보편적인 수업의 특별한 형식을 가르치는 교사들을 위해 마련된 특별한 커리큘럼을 위한 지침서다. 다른 형식이 수천 가지 있고, 그 결과는 모두 같다. 그들은 다만 시간을 절약할 뿐이다. 시간의 태엽만이 녹초가 되어 돌고 있을 뿐, 세상은 지금 아주 피곤해 한다. 세상은 늙고 지쳤고 희망이 없다. 결과에 대한 의문은 결코 제기된 적이 없으니, 도대체 무엇이 하느님의 **뜻**을 바

꿀 수 있겠는가? 그러나 시간은 변화와 죽음이라는 자신의 환상으로 세상과 그 안의 모든 것을 소진시킨다. 하지만 시간에는 끝이 있고, 하느님의 교사들은 바로 이렇게 시간의 끝을 가져오라는 명을 받았다. 왜냐하면 시간은 그들의 손에 있기 때문이다. 이러한 것이 그들의 선택이었고, 따라서 시간이 그들에게 주어져 있다.

2. 하느님의 교사의 학생은 누구인가?

1 각각의 하느님의 교사에게 특정한 학생들이 배정되었고, 그들은 교사가 **부르심**에 응답하자마자 교사를 찾기 시작할 것이다. 그 학생들이 그 교사를 위해 선택된 이유는, 그들의 이해 수준에 비추어 볼 때 그 교사가 가르칠 보편적인 커리큘럼의 특정한 형식이 최선이기 때문이다. 그의 학생들은 그를 기다려왔으니, 그가 올 것이 확실하기 때문이다. 다시 말하지만 이것은 오로지 시간문제일 뿐이다. 교사가 일단 자신의 역할을 이행하겠다고 선택하기만 하면, 학생들도 자신의 역할을 이행할 준비가 된다. 시간은 교사의 선택을 기다릴 뿐, 그가 섬길 이들을 기다리지는 않는다. 교사가 배울 준비가 되면, 가르칠 기회가 그에게 제공될 것이다.

2 구원의 교수·학습 계획(the teaching-learning plan of salvation)을 이해하려면, 이 수업이 제시하는 시간 개념을 이해할 필요가 있다. 속죄는 진리가 아

니라 환상을 교정한다. 따라서 속죄는 결코 존재하지 않았던 것을 교정한다. 더 나아가 이런 교정 계획은 세워진 동시에 완성되었으니, 하느님의 **뜻**은 시간과는 전혀 무관하기 때문이다. 실재 전체도 하느님께 속해 있으므로, 마찬가지로 그러하다. 분리라는 아이디어가 하느님의 아들의 마음에 들어온 순간, 바로 그 똑같은 순간에 하느님의 **응답**이 주어졌다. 시간 안에서는, 이것은 아주 오래 전에 일어났다. 실재 안에서는, 그것은 일어난 적이 전혀 없다.

3 시간의 세상은 환상의 세상이다. 오래 전에 일어난 것이 지금 일어나고 있는 듯이 보인다. 오래 전에 끝난 선택에 선택의 여지가 있어서, 아직도 선택을 해야 할 것처럼 보인다. 이미 배우고 이해하여 오래 전에 통과한 것을 새로운 생각, 신선한 아이디어, 다른 접근법이라고 바라본다. 너의 뜻은 자유로운 까닭에, 너는 선택한다면 언제라도 이미 일어난 것을 받아들일 수 있으며, 그때서야 그것이 항상 거기에 있었음을 깨달을 것이다. 이 수업이 강조하듯이 너는 커리큘럼도, 심지어 그것을 배울 형식도 자유로이 선택할 수 없다. 하지만 너는 그것을 언제 배우고 싶은지 자유로이 결정할 수 있다. 그것을 받아들일 때, 너는 그것을 이미 배운 것이다.

4 그러면 시간은 실제로, 너무도 오래전이라서 모든 기억 너머에 있고 심지어 기억할 가망도 없는 한 순간으로 되돌아간다. 하지만 그 순간은 다시 또다시 재현하여 사는 순간이므로, 마치 지금인 것처럼 보인다. 그러므로 학생과 교사는 마치 전에 만난 적이 없다는 듯이 서로를 발견하여, 현재에 함께 모이는 것처럼 보인다. 학생은 올바른 시간에 올바른 장소에 온다. 이것은 필연적이니,

학생은 지금 그가 다시 사는 아주 오래전의 그 순간에 올바른 선택을 했기 때문이다. 교사 또한 아주 오랜 과거에 그렇게 필연적인 선택을 했다. 모든 것에 있는 하느님의 **뜻**은 이루어지는 데 시간이 걸리는 것처럼 보일 뿐이다. 과연 무엇이 영원한 **권능**을 지체시킬 수 있겠는가?

5 학생과 교사가 함께 모일 때, 하나의 교수·학습 상황이 시작된다. 왜냐하면 교사는 실제로 가르침을 행하는 바로 그 자가 아니기 때문이다. 하느님의 **교사**(Teacher, 성령)는 배움이라는 목적을 위해 두 사람이 함께 할 때마다 항상 그들에게 말한다. 그 목적 때문에 그 관계는 거룩하며, 하느님은 모든 거룩한 관계 안으로 당신의 **영**을 보내겠다고 약속하셨다. 그런 교수·학습 상황에서 각자는 주기(giving)와 받기(receiving)가 똑같음을 배운다. 그들의 역할들, 그들의 마음들, 그들의 몸들, 그들의 필요들, 그들의 이해관계들, 그밖에 그들을 서로 분리시킨다고 여겼던 그 모든 차이들 사이에 그들이 그은 경계선이 바래지고 점점 희미해지다가 마침내 사라진다. 같은 수업을 배우려는 자들은 하나의 이해관계와 하나의 목표를 공유한다. 이런 식으로 학습자였던 자가 하느님의 교사가 되니, 그는 자신의 교사가 한 것과 똑같은 유일한 결정을 했기 때문이다. 그는 다른 사람 안에서 자신의 것과 똑같은 이해관계를 보았다.

3. 가르침의 수준이란 무엇인가?

1 하느님의 교사의 가르침은 어떤 수준에 고정되어 있지 않다. 시작할 때는 각각의 교수·학습 상황에 서로 다른 관계가 따른다. 비록 궁극적인 목표는 항상 똑같지만 말이다. 그 목표는 바로, 그 관계를 두 사람 모두가 하느님의 아들을 죄 없다고 볼 수 있는 거룩한 관계로 만드는 것이다. 하느님의 교사가 배움을 얻을 수 없는 사람은 아무도 없고, 따라서 그가 가르칠 수 없는 사람도 아무도 없다. 하지만 현실적인 관점에서 볼 때 그가 모든 사람을 만날 수도 없고, 모든 사람이 그를 찾아낼 수도 없는 일이다. 그러므로 그 계획엔 각각의 하느님의 교사를 위해 이루어질 아주 구체적인 만남들이 포함되어 있다. 구원에 우연이란 없다. 만나야 할 자들은 만날 것이니, 그들에겐 함께 거룩한 관계를 맺을 가능성이 있기 때문이다. 그들은 서로를 위해 준비되어 있다.

2 가르침의 가장 단순한 수준은 상당히 피상적으로 보인다. 그것은 아주 우

연한 만남처럼 보이는 것들로 구성되어 있다 – 겉보기에 서로 모르는 두 사람이 엘리베이터 안에서 우연히 만나는 경우, 아이가 앞을 안 보고 가다 "우발적으로" 어떤 어른을 들이받는 경우, 어쩌다 집으로 같이 걸어가는 두 학생. 이런 예들은 우연한 만남이 아니다. 각각의 만남엔 교수·학습 상황이 될 가능성이 있다. 어쩌면 모르는 것처럼 보이는 사람들은 엘리베이터 안에서 서로 미소를 지어줄 것이다; 어쩌면 그 어른은 자신을 들이받은 아이를 꾸짖지 않을 것이다; 어쩌면 그 두 학생은 친구가 될 것이다. 가장 우연한 만남의 수준에서조차 두 사람이 한 순간이나마 분리된 이해관계를 보지 않는 것이 가능하다. 그 순간으로 충분할 것이다. 구원은 이미 왔다.

3 보편적인 수업을 가르치는 데서 수준들이라는 개념은 실제로 시간 개념처럼 무의미하다는 것을 이해하기는 어렵다. 하나의 환상이 다른 하나의 환상을 가능케 한다. 시간 안에서, 하느님의 교사는 단 한 번의 결심으로 세상에 대한 마음을 바꾸기 시작하여, 그 새로운 방향을 가르쳐감에 따라 그것에 대해 점점 더 배우는 것처럼 보인다. 우리는 시간이라는 환상에 대해서는 이미 다뤘지만, 가르침의 수준들이라는 환상은 무언가 다른 것처럼 보인다. 이런 수준들이 존재할 수 없음을 보여주는 최선의 길은 아마도 그저 다음과 같이 말하는 것이리라. 교수·학습 상황의 모든 수준은 하느님의 속죄 계획의 일부인데, 하느님의 **뜻**의 반영인 그 계획엔 어떤 수준도 있을 수 없다. 구원은 항상 준비되어 있고, 항상 있다. 하느님의 교사들은 다른 수준에서 일하지만, 그 결과는 항상 똑같다.

4 각각의 교수·학습 상황은 관련된 각 사람이 그 당시에 상대방에게서 배울 수 있는 최대치를 배울 것이라는 의미에서, 최적의 상황이다. 오로지 이런 의미에서만, 우리는 가르침의 수준들에 대해 말할 수 있다. 이 용어를 이런 식으로 사용할 때, 가르침의 두 번째 수준은 보다 지속되는 관계로서, 여기서 두 사람은 한동안 상당히 강도 높은 교수·학습 상황에 놓이게 되고, 그런 다음 분리되는 것처럼·보인다. 첫 번째 수준과 마찬가지로 이러한 만남은 우발적이지 않고, 관계의 끝처럼 보이는 것도 진짜 끝이 아니다. 다시 말하지만 각자는 그 당시 그가 할 수 있는 최대치를 배웠다. 하지만 만나는 사람들은 모두 언젠가 다시 만날 것이니, 거룩해지는 것은 모든 관계의 운명이기 때문이다. 하느님은 당신의 아들에 대해 잘못 생각하지 않으신다.

5 가르침의 세 번째 수준은 일단 형성되면 평생 지속되는 관계에서 일어난다. 이런 관계는 서로에게 무한한 배움의 기회를 제공하는 선택된 학습 파트너가 주어지는 교수·학습 상황이다. 이런 관계는 대체로 극소수다. 왜냐하면 이런 관계가 존재한다는 것 자체가, 관련된 자들이 교수·학습의 균형이 실제로 완벽한 단계에 동시에 도달했음을 함축하기 때문이다. 그렇다고 해서 그들이 이 사실을 반드시 인식한다는 뜻은 아니다; 사실 그들은 대체로 인식하지 못한다. 그들은 심지어 한동안, 어쩌면 평생 동안 서로에게 상당히 적대적일 수도 있다. 하지만 만약 그들이 그 사실을 배우겠다고 결심한다면, 완벽한 레슨이 그들 앞에 놓여 있어서 배울 수 있다. 그 레슨을 배우겠다고 결심한다면 그들은 주저하거나 심지어 실패하는 듯이 보이는 교사들의 구원자가 된다. 하느님의 교사라면 그 누구도 자신에게 필요한 **도움**을 찾는데 실패할 수 없다.

4. 하느님의 교사의 특성은 무엇인가?

1 하느님의 교사들은 표면적인 특성에 있어서 전혀 닮지 않았다. 그들은 몸의 눈이 보기에 전혀 닮지 않았으며, 출신 성분도 굉장히 다르고, 세상에 대한 경험도 아주 다양하며, 피상적인 "성격"도 뚜렷이 구별된다. 또한 하느님의 교사로서 기능하기 시작하는 단계에서, 그들은 하느님의 교사로 확고히 설 수 있게 해 줄 보다 심오한 특성들을 아직 습득하지 못했다. 하느님의 교사들에겐 하느님의 속죄 계획에서 특별한 역할이 하나 있으므로, 하느님은 그들에게 특별한 선물을 주신다. 물론 그 선물의 특별성은 일시적일 뿐이며, 시간 밖으로 데려다주는 수단으로서 시간 안에 놓여 있다. 교수·학습상황은 거룩한 관계에 맞춰 조정되는데, 이러한 거룩한 관계에서 태어난 특별한 선물은 배움에서 상급수준이 된 하느님의 모든 교사의 특성이 된다. 이런 점에서, 그들은 모두 똑같다.

2 하느님의 아들들 가운데 있는 모든 차이는 일시적이다. 그럼에도 불구하

고, 시간 안에서는 하느님의 상급 교사들에게 다음과 같은 특성이 있다고 말할 수 있다:

• 신뢰(Trust)

3 하느님의 상급 교사들이 자신의 기능을 이행하는 능력은 신뢰라는 토대에 놓여있다. 지각은 배움의 결과다. 사실 원인과 결과는 결코 분리되어 있지 않으므로, 지각은 곧 배움이다. 하느님의 교사는 세상은 세상이 지어낸 법칙의 지배를 받지 않는다는 것을 배웠으므로, 세상을 신뢰한다. 세상은 **권능**(Power)의 지배를 받는다. 그 **권능**은 그에게서 비롯된 것은 아니지만, 그의 내면에 있다. 바로 이 **권능**이 모든 것을 안전하게 지켜준다. 바로 이 **권능**을 통해 하느님의 교사는 용서받은 세상을 바라본다.

4 일단 이런 **권능**을 경험하면, 자신의 보잘 것 없는 힘을 다시 신뢰하는 것은 불가능하다. 독수리의 막강한 힘(power)이 이미 주어져 있거늘, 누가 참새의 변변찮은 날개로 날려 하겠는가? 하느님의 선물이 앞에 놓여 있거늘, 누가 에고의 초라한 공물(offerings)을 믿으려 하겠는가? 그렇다면 과연 무엇이 그로 하여금 이러한 전환을 하도록 이끄는가?

5 첫 번째로, 그는 소위 "무효화(undoing)의 기간"이라 부를 수 있는 시기를

거쳐야 한다. 이것은 고통스러울 필요는 없지만, 보통 그렇게 경험된다. 마치 무언가를 빼앗기는 것처럼 보이는데, 그것의 가치 없음이 그저 인식되고 있는 데 불과하다는 것을 처음에는 좀처럼 이해하지 못한다. 지각자가 어떤 것을 다른 관점에서 볼 수밖에 없는 위치에 있지 않는 한, 그 가치 없음을 어떻게 지각할 수 있겠는가? 그는 아직은 그 전환을 완전히 내적으로 이루어낼 수 있는 위치에 있지 않다. 따라서 그 계획은 때로 외적인 상황처럼 보이는 것에서의 변화를 요할 것이다. 이런 변화는 항상 도움이 된다. 하느님의 교사가 그만큼 배웠을 때, 그는 두 번째 단계로 넘어간다.

6 다음으로, 하느님의 교사는 "가려내는 기간"을 거쳐야 한다. 이것은 언제나 다소 힘들다. 왜냐하면 그는 자신의 삶에서 변화는 항상 도움이 된다는 것을 이미 배웠기에, 이제 모든 것을 그러한 도움됨을 증진시키는지 아니면 방해하는지에 근거하여 결정해야 하기 때문이다. 그는 전에 가치 있게 여긴 것 중에 대부분은 아닐지라도 상당수가, 자신이 배운 것을 새로 발생하는 상황에 전이시키는(transfer) 능력을 그저 방해할 뿐임을 깨달을 것이다. 그는 실제로는 가치 없는 것들을 가치 있게 여겼고, 그런 까닭에 상실과 희생에 대한 두려움으로 그 레슨을 일반화하지 않을 것이다. 모든 사물, 모든 사건, 모든 뜻밖의 조우, 그리고 모든 상황이 도움이 된다는 것을 이해하려면 아주 많이 배워야 한다. 이 환상의 세상에서 그것들에게 어느 정도라도 실재성이 부여되어야 한다면, 그것들이 도움이 되는 정도까지만 그래야 한다. "가치"라는 단어는 다른 어떤 것에도 적용될 수 없다.

7 하느님의 교사가 거쳐야 할 세 번째 단계는 "포기의 기간"이라고 부를

수 있다. 이것을 바람직한 것을 포기하는 것으로 해석한다면, 이 단계는 엄청난 갈등을 발생시킬 것이다. 극소수의 하느님의 교사만이 이런 어려움에서 완전히 벗어난다. 하지만 가치 없는 것에서 가치 있는 것을 가려내는 것은, 그 다음에 오는 이 명백한 단계를 밟지 않는 한 무의미하다. 둘째 단계가 완성되기 전에 셋째 단계가 시작된다고 하더라도, 그런 경우는 극히 드물다. 그러므로 이 겹치는 기간은 하느님의 교사가 진리를 위해 자신의 최선의 이익을 희생하라는 요구를 받는 것처럼 느끼는 기간이기 쉽다. 그는 아직 그런 요구가 얼마나 말도 안 되게 불가능한지 깨닫지 못했다. 가치 없는 것을 실제로 포기할 때만, 그는 이것을 배울 수 있다. 이것을 통해 그는 큰 슬픔을 예상했던 곳에서 대신 홀가분한 행복 하나를 발견한다. 그리고 자신에게 무언가를 요구한다고 생각했던 곳에서 선물 하나가 주어져 있음을 발견한다.

8 이제 "자리 잡는 기간(period of settling down)"이 온다. 이것은 하느님의 교사가 적당한 평화 속에서 잠시 안식하는 조용한 시간이다. 이제 그는 자신의 배움을 통합한다. 이제 그는 그동안 배운 것의 전이 가치를 깨닫기 시작한다. 그것의 잠재력은 문자 그대로 깜짝 놀랄만하며, 이제 하느님의 교사는 자신의 발전 과정에서 길 전체를 내다볼 수 있는 지점에 있다. "네가 원치 않는 것은 포기하고 원하는 것은 간직하라." 당연한 것은 얼마나 단순한지! 그리고 얼마나 행하기 쉬운지! 하느님의 교사에게는 이렇게 한숨 돌리는 기간이 필요하다. 그는 아직 스스로 생각하는 것만큼 멀리 오지 않았다. 하지만 계속 갈 준비가 되었을 때, 그는 막강한 동반자들을 곁에 두고 간다. 이제 그는 잠시 안식하면서, 계속 가기 전에 그들을 불러 모은다. 여기서부터 그는 홀로 가지 않을 것이다.

9 다음 단계는 정녕 "동요의 기간(period of unsettling)"이다. 이제 하느님의 교사는 자신이 무엇이 가치 있고 무엇이 가치 없는지 실제로 몰랐음을 이해해야 한다. 이제까지 그가 실제로 배운 것이라고는, 그가 가치 없는 것은 원치 않았고 가치 있는 것은 정녕 원했다는 것이 전부다. 하지만 그 차이를 배우는 데 있어서 스스로 가려내는 작업은 쓸모가 없었다. 그의 사고체계에서 너무나 중요한 희생이라는 아이디어는 그가 판단할 수 없게 만들었다. 그는 용의를 배웠다고 생각했지만, 이제 자신이 그 용의의 목적이 무엇인지 알지 못한다는 것을 깨닫는다. 이제 그는 길고 긴 시간 동안 도달하기가 불가능할 수도 있는 상태에 도달해야 한다. 그는 모든 상황에서 모든 판단을 내려놓고, 그가 정말로 원하는 것만을 청하는 법을 배워야 한다. 이런 방향으로 가는 각각의 단계가 아주 철저하게 강화되지 않았다면, 이것은 정녕 어려울 것이다!

10 그리고 마침내 "성취의 기간"이 온다. 바로 이 기간에 배움이 통합된다. 이제 전에는 그저 그림자로 보였던 것이 평온한 때뿐만 아니라 모든 "위기 상황"에서도 의지할 수 있는 확고한 성취물이 된다. 사실 평온함은 그러한 성취물, 즉 정직한 배움, 사고의 일관성, 충분한 전이의 결과다. 이것이 바로 진정한 평화의 단계이니, 바로 여기에 천국의 상태가 충분하게 반영되어 있기 때문이다. 여기서부터 천국으로 가는 길은 탁 트이고 평탄한 길이다. 사실, 천국은 여기에 있다. 마음의 평화가 이미 완전하다면, 누가 어디를 "가려" 하겠는가? 또한 누가 평온함을 무언가 더 바람직한 것으로 바꾸려 하겠는가? 무엇이 이보다 더 바람직할 수 있겠는가?

• 정직함(Honesty)

11 하느님의 교사의 다른 모든 특성은 신뢰에 근거한다. 일단 신뢰를 성취하면 다른 것은 뒤따르지 않을 수 없다. 신뢰하는 자만이 정직할 수 있으니, 그런 자만이 정직함의 가치를 볼 수 있기 때문이다. 정직함은 네가 하는 말에만 적용되는 것이 아니다. 이 용어는 실제로 일관성을 의미한다. 네가 하는 말 중에 너의 생각이나 행동과 모순되는 것은 전혀 없다. 다른 생각과 상반되는 생각도 전혀 없다. 네가 하는 말과 어긋나는 행위도 전혀 없다. 다른 말과 일치하지 않는 말도 전혀 없다. 이러한 자가 참으로 정직한 자다. 그 어떤 수준에서도 그는 자기 자신과 갈등하지 않는다. 따라서 그는 그 누구와도, 그 무엇과도 갈등할 수 없다.

12 하느님의 상급 교사들이 경험하는 마음의 평화는 주로 그들의 완벽한 정직함 덕분이다. 속이려는 소망만이 전쟁으로 이어진다. 자기 자신과 일치하는 자는 갈등을 상상조차 할 수 없다. 갈등은 자기기만의 불가피한 결과이며, 자기기만은 정직하지 않음이다. 하느님의 교사에게 시험(challenge)이란 없다. 시험은 의심을 함축하는데, 하느님의 교사가 확고하게 근거하고 있는 신뢰는 의심을 불가능하게 만든다. 따라서 그는 성공할 수만 있을 뿐이다. 모든 것에서 그런 것처럼, 그는 이 점에서도 정직하다. 그가 성공할 수만 있는 이유는, 그는 결코 자신의 뜻을 홀로 행하지 않기 때문이다. 그는 온 인류를 위해, 온 세상과 그 안의 모든 것을 위해, 겉모습 너머의 변하지 않고 변할 수 없는 것들을 위해, 그리고 하느님의 아들과 그의 창조주를 위해 선택한다. 그가 어떻게 성공하지 않

을 수 있겠는가? 그는 자신의 선택을 확신하면서, 완벽한 정직함 속에서 선택한다.

• 관용(Tolerance)

13 하느님의 교사는 판단하지 않는다. 판단하는 것은 정직하지 않게 되는 것이니, 그것은 네가 갖지도 않은 지위를 떠맡는 것이기 때문이다. 자기기만 없는 판단은 불가능하다. 판단은 네가 네 형제들을 잘못 보았음을 의미한다. 그렇다면 네가 어떻게 너 자신을 잘못보지 않았을 수 있겠는가? 판단은 신뢰의 결핍을 함축하는데, 신뢰는 여전히 하느님의 교사의 사고체계 전체의 기반이다. 신뢰가 상실되면, 그의 모든 배움이 사라진다. 판단이 없다면, 모든 것을 동등하게 받아들일 수 있다. 왜냐하면, 과연 누가 다르게 판단할 수 있겠는가? 판단이 없다면, 모든 사람이 형제다. 왜냐하면, 과연 누가 따로 떨어져 있겠는가? 판단은 정직함을 파괴하고 신뢰를 산산조각 낸다. 하느님의 교사라면 그 누구도 판단하면서 배우기를 바랄 수는 없다.

• 온유함(Gentleness)

14 하느님의 교사에게 해침(harm)은 불가능하다. 그는 해칠 수도, 해침을 당할 수도 없다. 해침은 판단의 결과다. 해침은 정직하지 않은 생각에 따르는 정

직하지 않은 행위다. 그것은 어떤 형제에 대한, 따라서 자기 자신에 대한 유죄 판결이다. 그것은 평화를 끝장내고 배움을 부정한다. 그것은 하느님의 커리큘 럼이 부재하며, 정신이상이 그 자리를 대신 차지했음을 입증한다. 하느님의 교 사라면 누구나 해로움(harmfulness)은 자신의 기능을 완전히 망각하게 만든다 는 것을 반드시, 훈련 과정에서 상당히 일찌감치 배워야 한다. 해로움은 그를 혼란스럽고, 두려워하고, 분노하고, 의심하게 만들 것이다. 그것은 성령의 레슨 을 배우는 것을 불가능하게 만들 것이다. 또한 해침을 통해서는 실제로 아무것 도 이룰 수 없음을 깨달은 자들 말고는 아무도 하느님의 **교사**의 말을 들으려고 하지도 않을 것이다. 해침으로부터는 어떤 이득도 볼 수 없다.

15 그러므로 하느님의 교사는 전적으로 온유하다. 그에겐 온유함의 강함이 필요하니, 바로 온유함 속에서 구원의 기능이 쉬워지기 때문이다. 해치려는 자 에게 온유함은 불가능하다. 해침에서 어떤 의미도 보지 않는 자에게, 온유함은 그저 자연스러울 뿐이다. 제정신인 자가 이것 말고 어떤 선택이 의미 있다고 보 겠는가? 그 누가 천국으로 가는 길을 눈앞에 두고 지옥을 선택하겠는가? 또한 그 누가 한결같고 모든 것을 품어 안으며 무한한 온유함의 강함 대신에, 해침에 서 나오게 마련인 약함을 선택하겠는가? 하느님의 교사의 힘은 그의 온유함에 놓여있으니, 그는 자신의 악한 생각이 하느님의 아들에게서 나온 것도, 그의 창 조주에게서 나온 것도 아님을 이해했기 때문이다. 이와 같이 그는 자신의 생각 을 자신의 **근원**인 하느님과 결합시켰다. 따라서 언제나 하느님의 것이었던 그 의 뜻은 자유로이 그 자체가 된다.

• 기쁨(Joy)

16 기쁨은 온유함의 불가피한 결과다. 온유함은 이제 두려움이 불가능함을 의미하니, 무엇이 와서 기쁨을 방해할 수 있겠는가? 온유함의 활짝 벌린 두 손은 항상 가득 차 있다. 온유한 자에겐 고통이 없다. 그는 괴로워할 수 없다. 그가 왜 기뻐하지 않겠는가? 그는 자신이 사랑받고 안전함을 확신한다. 공격에 슬픔이 뒤따르는 만큼이나 확실하게, 온유함에는 기쁨이 따라온다. 하느님의 교사는 하느님을 신뢰한다. 그는 하느님의 **교사**(Teacher, 성령)가 자신 앞에 걸어가면서 어떠한 해침도 일어날 수 없게 한다는 것을 확신한다. 하느님의 **음성**이 모든 일에서 하느님의 교사를 인도하므로, 그는 그 **교사**의 선물을 들고 그의 길을 따라간다. 기쁨은 그가 부르는 감사의 노래다. 그리스도 또한 감사하며 그를 내려다본다. 그가 그리스도를 필요로 하는 것만큼이나 그리스도 또한 그를 크게 필요로 한다. 구원이라는 목적을 공유하는 것이야말로 얼마나 기쁜 일인지!

• 무방어(Defenselessness)

17 하느님의 교사는 단순해지는 법을 배웠다. 그에게는 진리에 맞서 방어할 필요가 있는 어떤 꿈도 없다. 그는 자기 자신을 만들려고 시도하지 않는다. 그의 기쁨은 누가 자신을 창조했는지 이해하는 데서 온다. 하느님이 창조하신 것이 방어를 필요로 하겠는가? 방어수단이란 단지 미친 환상의 어리석은 수호자일 뿐임을 완전히 이해하기 전에는, 아무도 하느님의 상급 교사가 될 수 없다.

꿈이 더 괴상해질수록 꿈의 방어수단은 점점 더 맹렬하고 강력해 보인다. 하지만 하느님의 교사가 마침내 그 방어수단을 간과하겠다고 동의할 때, 그는 거기에 아무것도 없었음을 발견한다. 그는 처음에는 천천히 속임수에서 벗어난다. 그러나 신뢰가 커지면서 점점 빨리 배운다. 방어수단을 내려놓을 때 오는 것은 위험이 아니다. 그것은 안전이다. 그것은 평화다. 그것은 기쁨이다. 그리고 그것은 하느님이다.

• 아낌없이 주기(Generosity)

18 아낌없이 주기라는 용어는 하느님의 교사에게 특별한 의미가 있다. 그것은 그 단어의 일반적인 의미가 아니며, 사실 아주 주의 깊게 배워야 하는 의미다. 하느님의 교사의 다른 모든 특성들처럼 아낌없이 주기 또한 궁극적으로 신뢰에 근거한다. 왜냐하면 신뢰 없이는 아무도 진정한 의미에서 아낌없이 줄 수 없기 때문이다. 세상에게 아낌없이 주기는 "포기하기(giving up)"라는 의미에서 "주어버리기(giving away)"를 의미한다. 하느님의 교사에게 그것은 간직하기(to keep) 위해 "주어버리기"를 의미한다. 이에 대해선 텍스트와 워크북을 통해 줄곧 강조해왔지만, 아마도 이 아이디어는 우리 커리큘럼의 다른 많은 아이디어들보다도 더 세상의 사고방식과 거리가 멀 것이다. 이 아이디어가 그렇게나 이상해 보이는 이유는 단지, 그것이 세상의 사고를 명백히 뒤집기 때문이다. 가능한 가장 분명한 방식으로, 가장 단순한 수준에서, 이 말은 하느님의 교사와 세상에게 정확히 반대의 것을 의미한다.

19 하느님의 교사는 자기 이익(self-interest) 때문에 아낌없이 준다. 하지만 여기서 자기(self)는 세상이 말하는 자기를 일컫지 않는다. 하느님의 교사는 그가 주어버릴 수 없는 것은 아무것도 원치 않으니, 그것은 정의상 그에게 가치가 없을 것임을 알아차리기 때문이다. 그가 과연 무엇 때문에 그것을 원하겠는가? 그는 그로 인해 잃을 수만 있을 뿐이다. 그는 얻을 수 없을 것이다. 따라서 그는 자신만이 간직할 수 있는 것은 구하지 않으니, 그것은 상실을 보장해주는 보증서이기 때문이다. 그는 고통 받기를 원치 않는다. 그가 왜 굳이 자기 자신에게 고통을 보장해 주어야 하겠는가? 그러나 그는 정녕 하느님에게서 온 것, 따라서 하느님의 아들을 위한 것은 모두 자신의 것으로 간직하기를 원한다. 그것들이야말로 본래 그에게 속한 것이다. 그것들이야말로 그가 진정으로 아낌없이 주어버려서 영원히 자신의 것으로 지킬 수 있는 것이다.

• 인내(Patience)

20 결과를 확신하는 자들은 기다릴 수 있으며, 불안해하지 않고 기다린다. 인내는 하느님의 교사에게 자연스럽다. 그가 보는 것이라고는 오로지 확실한 결과뿐이다. 때로는 어쩌면 그가 그 결과를 아직 모를 수도 있지만, 의심하지는 않는다. 그 때는 그 응답만큼이나 정확할 것이다. 이것은 지금 혹은 미래에 일어나는 모든 것에 해당된다. 과거 또한 틀림없었다 – 모든 것은 그것이 일어난 듯이 보이는 사람뿐만 아니라 세상도 이롭게 했다. 어쩌면 당시에는 이것을 이해할 수 없었을 것이다. 그렇긴 해도, 하느님의 교사는 자신이 과거에 한 결정이 누구든 고통스럽게 한다면, 그 모든 것을 다시 고려할 용의가 있다. 신뢰

하는 자에게 인내는 자연스럽다. 그는 시간 안에 있는 모든 것에 대한 궁극적인 해석을 확신하기에, 이미 본 것이든 앞으로 올 것이든 어떤 결과도 두려워할 수 없다.

• 신실함(Faithfulness)

21 신실함의 정도는 하느님의 교사가 커리큘럼에서 얼마나 진보했는지 가늠하는 척도다. 그는 여전히 삶의 다른 측면들은 따로 떼어 둔 채 몇몇 측면들만 골라서 배움으로 가져가는가? 그렇다면 그의 진보는 제한되고, 신뢰는 아직 확고하게 자리 잡지 않은 것이다. 신실함은 하느님의 교사가 하느님의 **말씀**이 단지 몇 가지가 아니라 모든 것을 바로잡을 것임을 신뢰하는 것이다. 일반적으로 그의 신실함은 단지 몇몇 문제들에만 근거해서 시작되어, 당분간은 조심스럽게 제한된 상태로 남아 있게 된다. 모든 문제를 유일한 **응답**에 맡기는 것은 세상의 사고방식을 완전히 뒤엎어버리는 것이다. 오로지 그것만이 신실함이다. 다른 무엇도 아닌 오로지 그것만이 진정으로 신실함이라는 이름으로 불릴만한 자격이 있다. 하지만 아무리 작더라도, 각각의 단계는 성취할만한 가치가 있다. 텍스트에서 언급하듯이, 준비되어 있음은 통달이 아니다.

22 그러나 진정한 신실함은 벗어남이 없다. 신실함은 일관되기에, 완전히 정직하다. 신실함은 흔들림이 없기에, 신뢰로 가득 차 있다. 신실함은 두려움 없음에 기반을 두고 있기에, 온유하다. 확신하기에 기뻐하며, 굳게 믿기에 인내

한다. 무방어가 자연스럽게 신실함을 뒤따르며, 기쁨은 신실함의 상태다. 그렇다면 신실함은 하느님의 교사의 다른 속성들을 그 자체 안에 결합시키는 것이다. 신실함은 하느님의 **말씀**과 당신의 아들에 대한 하느님의 정의(definition)를 받아들이는 것을 의미한다. 바로 이 두 가지 것에, 진정한 의미에서의 신실함이 기울여져야 한다. 신실함은 그것들 쪽으로 눈을 돌려, 발견할 때까지 추구한다. 일단 발견하면, 신실함은 모든 신실함을 받아 마땅한 바로 그것만을 조용히 확신하며 쉰다.

• 열린 마음(Open-Mindedness)

23 하느님의 교사가 대체로 마지막에 습득하는 속성인 열린 마음이 왜 그렇게 중요한지는, 그것과 용서와의 관계를 인식한다면 쉽게 이해할 수 있다. 열린 마음은 판단 없음을 따라온다. 판단이 마음을 닫아 하느님의 **교사**가 들어오지 못하게 하듯이, 열린 마음은 그에게 들어오라고 초대한다. 정죄가 하느님의 아들을 악하다고 판단하듯이, 열린 마음은 하느님의 **음성**이 하느님을 대신하여 아들을 판단하게 한다. 하느님의 아들에게 죄의식을 투사하는 것이 그를 지옥에 보내듯이, 열린 마음은 그에게 그리스도의 이미지가 투사되게 한다. 오로지 마음이 열린 자들만이 평화로울 수 있으니, 단지 그들만이 평화의 근거를 보기 때문이다.

24 마음이 열린 자들은 어떻게 용서하는가? 그들은 용서를 방해할 수 있는 모든 것을 이미 내려놓았다. 그들은 세상을 정말로 포기했고, 그 세상이 새롭고

도 기쁜 모습으로 그들에게 회복되도록 하였다. 그 변화는 너무도 영광스러워서, 그들로서는 상상조차 못했던 것이다. 이제 전과 같은 것은 아무것도 없다. 전에는 너무도 둔하고 생기 없어 보이던 것 중에 이제 반짝이지 않는 것이 없다. 무엇보다도 모든 것이 따뜻하게 환영하니, 위협이 사라졌기 때문이다. 아직도 남아서 그리스도의 얼굴을 가리는 구름도 전혀 없다. 이제 목표가 성취되었다. 용서는 커리큘럼의 최종 목표다. 용서는 모든 배움 훨씬 너머로 가는 것을 위한 길을 닦는다. 커리큘럼은 자신의 정당한 목표를 넘어서려고 애쓰지 않는다. 용서는 모든 배움이 궁극적으로 수렴되는, 커리큘럼의 유일한 목표다. 정녕 용서로 충분하다.

25 너는 아마도 하느님의 교사의 특성 목록에 하느님의 아들이 상속받은 유산은 포함되어 있지 않음을 알아챘을 것이다. 사랑, 죄 없음, 완성, 앎 그리고 영원한 진리와 같은 용어들은 이와 관련해서는 나타나지 않는다. 그것들은 여기서 너무나 부적절할 것이다. 하느님이 주신 것은 우리의 커리큘럼을 훨씬 뛰어넘기에, 그것이 존재(presence)할 때 배움은 그저 사라질 뿐이다. 하지만 그것의 존재가 가려져있는 동안에는, 초점은 당연히 커리큘럼에 맞춰져야 한다. 세상에 진정한 배움(learning)을 전하는 것이 하느님의 교사들의 기능이다. 정확히 말하자면 그들이 전하는 것은 배운 것의 무효화(unlearning)다. 왜냐하면 그것이야말로 세상에서의 "진정한 배움"이기 때문이다. 완전한 용서라는 기쁜 소식을 세상에 전하는 임무가 하느님의 교사들에게 주어져 있다. 그들은 참으로 축복받았으니, 그들은 구원을 전하는 자들이기 때문이다.

5. 치유는 어떻게 이루어지는가?

1 치유는 병이라는 환상의 목적이 무엇인지 이해해야 이루어진다. 이것 없이는 치유가 불가능하다.

병의 지각된 목적

2 치유는 고통 받는 자가 고통에서 더 이상 어떤 가치도 보지 않는 순간 이루어진다. 고통이 자신에게 무언가를, 무언가 가치 있는 것을 가져다준다고 생각하지 않은 한, 누가 고통을 선택하겠는가? 그는 분명히 고통이란 무언가 더 가치 있는 것을 얻으려고 치르는 작은 대가라고 생각할 것이다. 왜냐하면 병은 하나의 선택, 즉 결정이기 때문이다. 병은 약함이 강함이라는 잘못된 확신 속에서 약함을 선택하는 것이다. 이런 일이 일어나면 진정한 강함은 위협적인 것으

34

로, 건강은 위험한 것으로 보인다. 병은 광기 속에서 하느님의 아들을 그의 아버지의 왕좌에 올리려고 고안해 낸 방법이다. 하느님은 사납고 강력하며 모든 권능을 자신의 손에만 쥐고 있으려는 밖에 있는 존재로 보인다. 아들이 하느님을 정복하려면, 하느님이 죽는 수밖에 없다.

3 이 정신 나간 확신 속에서 치유는 무엇을 나타내겠는가? 그것은 하느님의 아들이 패배하고, 아버지가 그에게 승리하셨음을 상징한다. 그것은 하느님의 아들이 인정할 수밖에 없는 직접적인 형식의 궁극적인 도전을 나타낸다. 그것은 그가 목숨을 보존하려고 자신에게 숨기려는 모든 것을 나타낸다. 그가 치유된다면, 그는 자신의 생각에 책임이 있다. 그가 자신의 생각에 책임이 있다면 그는 죽임을 당할 것이며, 그럼으로써 자신이 얼마나 약하고 한심한 존재인지 증명 받게 될 것이다. 그러나 그가 스스로 죽음을 택한다면, 그의 약함은 이제 강함이 된다. 이제 그는 하느님이 그에게 주시려는 것을 자기 자신에게 주었고, 따라서 그의 창조주의 왕좌를 완전히 찬탈했다.

지각의 전환

4 치유는 병의 무가치함이 인식되는 것과 정확히 비례하여 일어날 수밖에 없다. 단지 "이것에 내가 얻을 것이란 전혀 없다."라고 말하기만 하면 치유된다. 그러나 이 말을 하려면 먼저 몇몇 사실을 인식해야 한다. 첫째, 결정은 분명히 마음이 하는 것이지 몸이 하는 것이 아니다. 병이 단지 문제 해결을 위한 잘

못된 접근법이라면, 그것은 하나의 결정이다. 그리고 그것이 결정이라면, 그 결정을 하는 것은 마음이지 몸이 아니다. 이것을 인식하지 않으려는 저항은 엄청나다. 왜냐하면 우리가 지각하는 대로의 세상의 실존은 몸이 의사결정자라는 믿음에 의존하기 때문이다. "본능", "반사작용" 등과 같은 용어는 몸에게 비정신적인 동기를 부여하려는 시도다. 실제로 이러한 용어는 문제를 그저 진술하거나 묘사할 뿐이다. 그것들은 문제에 답하지 않는다.

5 병이란 마음이 어떤 목적을 위해 몸을 사용하려는 결정이라고 받아들이는 것이 치유의 기반이다. 이것은 모든 형식의 치유에 해당된다. 환자가 이 말이 맞다고 결정하기만 하면, 그는 회복된다. 그가 회복되지 않기로 결정한다면, 그는 치유되지 않을 것이다. 누가 의사인가? 오로지 환자 자신의 마음만이 의사다. 결과는 그가 결정하는 대로다. 특별한 약제가 그에게 도움이 되는 것처럼 보이지만, 그것은 다만 그 스스로 한 선택에 형식을 부여할 뿐이다. 그는 자신이 원하는 것에 구체적인 형식을 부여하려고 그 약제를 선택한다. 다른 어떤 것도 아닌 바로 이것이, 그 약제가 하는 일이다. 사실 그것은 전혀 필요 없다. 환자는 약제의 도움 없이도 그저 일어나서 "나는 이것이 필요 없어."라고 말할 수 있다. 즉시 낫지 않을 형식의 병은 없다.

6 이런 지각의 전환을 위해 필요한 유일한 조건은 무엇인가? 그것은 단지 다음과 같다: 병은 마음에서 오는 것이지, 몸과는 아무런 관련도 없다는 인식. 이런 인식은 무엇을 "대가"로 치르게 하는가? 그것은 우리가 보는 세상 전체를 대가로 치르게 한다. 왜냐하면 결코 다시는 세상이 마음을 지배한다고 보지 않

을 것이기 때문이다. 이런 인식과 함께 책임은 그것이 본래 속한 곳, 즉 세상이 아니라 세상을 있는 그대로의 모습이 아닌 다른 것으로 보는 자에게 돌려질 것이다. 그는 자신이 보기로 선택하는 것을 바라본다. 그 이상도 그 이하도 아니다. 세상은 그에게 아무것도 하지 않는다. 그는 단지 세상이 자신에게 무언가를 행했다고 생각했을 뿐이다. 또한 그가 세상에게 무언가를 행하는 것도 아니니, 그는 세상이 무엇인지에 대해 잘못 생각했을 뿐이기 때문이다. 여기에 죄의식은 물론 병에서도 해방될 수 있는 길이 있다. 왜냐하면 그 둘은 하나이기 때문이다. 하지만 이런 해방을 받아들이려면, 몸이 중요하지 않다는 아이디어를 받아들일 수 있어야 한다.

7 이 아이디어와 함께, 고통이 영원히 사라진다. 하지만 이 아이디어와 함께, 피조물에 대한 모든 혼동도 사라진다. 이런 결론이 당연히 따라오지 않겠는가? 원인과 결과를 한 측면에서 그 참된 순서대로 배치하면, 배움이 일반화되면서 세상을 변형시킬 것이다. 하나의 참된 아이디어가 지닌 전이가치는 끝도 없고 한계도 없다. 이 레슨의 마지막 결과는 하느님을 기억하는 것이다. 이제 죄의식과 병, 고통, 재난, 모든 고난이 무엇을 의미하겠는가? 아무런 목적도 없기에, 그것들은 사라진다. 그것들이 야기하는 것처럼 보였던 모든 결과도 그것들과 더불어 사라진다. 원인과 결과는 단지 창조를 모사할(replicate) 뿐이다. 원인과 결과를 왜곡과 두려움 없이 제대로 된 관점에서 보면, 그것들은 천국을 재확립한다.

하느님의 교사의 기능

8 환자가 치유되기 위해 자신의 마음을 바꿔야 한다면, 하느님의 교사는 무엇을 하는가? 교사는 환자의 마음을 대신 바꿔줄 수 있는가? 당연히 아니다. 이미 마음을 바꿀 용의를 낸 자들을 위해서는, 하느님의 교사는 다만 그들과 함께 기뻐하는 것 말고는 다른 기능이 없다. 왜냐하면 그들은 이미 그와 더불어 하느님의 교사가 되었기 때문이다. 하지만 치유가 무엇인지 이해하지 못하는 자들을 위해서는, 하느님의 교사에겐 보다 구체적인 기능이 있다. 이런 환자들은 스스로 병을 선택했음을 깨닫지 못하고, 반대로 병이 자신을 선택했다고 믿는다. 또한 이 점에 있어서 그들의 마음이 열려있는 것도 아니다. 몸이 그들에게 무엇을 해야 할지 통고하고, 그들은 복종한다. 그들은 이 개념이 얼마나 정신 나간 것인지 짐작도 못한다. 그 개념을 의심이라도 해 본다면, 그들은 치유될 것이다. 하지만 그들은 아무것도 의심하지 않는다. 그들에게 분리는 아주 실재적이다.

9 하느님의 교사는 그들이 잊은 다른 선택 대안을 나타내기 위해 온다. 하느님의 교사가 있다는 단순한 사실이 그것을 상기시켜 준다. 그의 생각은 환자가 참이라고 받아들인 것에 이의를 제기할 권리를 청한다. 하느님의 메신저로서, 하느님의 교사는 구원의 상징이다. 그는 환자에게 환자 자신의 이름으로 하느님의 아들을 용서하라고 청한다. 그는 대안을 나타낸다. 그는 하느님의 말씀을 마음에 간직한 채 축복 속에 온다. 병든 자들을 치유하러 오는 것이 아니라, 하느님이 그들에게 이미 주신 치료법을 상기시켜 주려고 온다. 그의 손이 치유하는 것이 아니다. 그의 음성이 하느님의 **말씀**을 전하는 것이 아니다. 그는 그저

자신에게 주어진 것을 줄 뿐이다. 아주 부드럽게, 그는 죽음에서 돌아서라고 형제들에게 호소한다. 하느님의 아들이여, 삶이 당신에게 선사할 수 있는 것들을 보세요! 이것 대신에 병을 선택하렵니까?

10 하느님의 상급 교사들은 자신의 형제가 믿는 병의 형식은 단 한 번도 고려하지 않는다. 병의 형식을 고려하는 것은, 그 모든 형식은 목적이 같으므로 실제로 서로 다르지 않음을 잊는 것이다. 그들은 하느님의 아들이 고통 받을 수 있다고 믿을 정도로 자신을 너무나 속이려 하는 형제 안에서 하느님의 **음성**을 구한다. 그리고 그 형제에게, 그는 그 자신을 만들지 않았으며, 따라서 틀림없이 하느님이 창조하신 대로 남아있다고 상기시켜준다. 그들은 환상이 아무런 영향도 끼칠 수 없음을 인식한다. 그들의 마음에 있는 진리는 형제들의 마음에 있는 진리에게 다가가서, 환상이 강화되지 않도록 한다. 이와 같이 환상을 진리로 가져가며, 진리를 환상으로 가져가지는 않는다. 따라서 환상이 물리쳐지는데, 다른 이의 뜻에 의해서가 아니라, 유일한 뜻이 그 자체와 연합하는 것을 통해 그렇게 된다. 그 어떤 뜻도 자신의 뜻과 분리되어 있지 않고, 자신의 뜻도 하느님의 뜻과 분리되어 있지 않다고 보기, 이것이 하느님의 교사의 기능이다.

6. 치유는 확실한가?

1 치유는 언제나 확실하다. 환상을 진리로 가져간 다음에도 계속 간직하는 것은 불가능하다. 진리는 환상에 어떤 가치도 없음을 입증한다. 하느님의 교사는 환자의 마음을 있는 그대로 인식함으로써, 환자의 마음에서 자신의 잘못이 교정되는 것을 보았다. 하느님의 교사는 스스로 속죄를 받아들임으로써, 환자를 위해서도 속죄를 받아들인 것이다. 하지만 환자가 치유는 죽음으로 가는 방법이라고 믿으면서, 병을 삶의 방법으로 사용한다면 어떻게 하겠는가? 이럴 때 갑작스러운 치유는 심각한 우울증을 촉발시킬 수 있으며, 상실감이 너무 심해서 환자가 심지어 자신을 파괴하려고 들 수도 있다. 살 이유가 아무것도 없기에, 그는 죽음을 청할 수도 있다. 치유는 그를 보호하기 위해 기다려야 한다.

2 치유가 위협으로 보일 때, 치유는 항상 옆으로 비켜서 있을 것이다. 치유가 환영받는 바로 그 순간, 치유는 바로 거기에 있을 것이다. 치유는 치유가 주

어진 바로 그곳에서 받아들여질 것이다. 하느님의 선물 앞에서 시간이 도대체 무엇이란 말인가? 우리는 텍스트에서 하느님의 선물을 주는 자와 받는 자를 위해 보물을 똑같이 쌓아 둔 창고에 대해 여러 번 언급했다. 단 하나의 보물도 상실되지 않았으니, 보물은 늘어날 수만 있기 때문이다. 하느님의 교사라면 치유를 제공했는데 수령되지(received, 받아지지) 않은 것처럼 보인다고 해서 실망하지 말아야 한다. 그의 선물이 언제 받아들여져야(accepted) 할지 판단하는 것은 그에게 달려있지 않다. 그로 하여금 그것이 이미 수령되었음을 확신하고, 그것이 저주가 아니라 축복이라고 인식되는 순간 받아들여질 것임을 신뢰하게 하라.

3 자신이 준 선물의 결과를 평가하는 것은 하느님의 교사의 기능이 아니다. 그저 선물을 주는 것이 그의 기능이다. 일단 선물을 주었으면 그 결과 또한 준 것이니, 결과는 선물의 일부이기 때문이다. 주기(giving)의 결과에 관심이 있다면 아무도 줄 수 없다. 그것은 주기 자체에 대한 제한이며, 따라서 주는 자도 받는 자도 선물을 가질 수 없을 것이다. 신뢰는 주기의 핵심적인 부분이다; 사실 신뢰는 공유를 가능하게 만들어주는 부분으로서, 주는 자는 잃지 않고 얻을 뿐임을 보장해주는 부분이다. 그 누가 선물을 주고서는, 자신이 적절하다고 여기는 대로 확실히 쓰이게 하려고 선물 곁을 맴돌겠는가? 이러한 것은 주기가 아니라 감금하기다.

4 선물에 대한 모든 관심을 포기하는 것이야말로 선물이 진정으로 주어지게 만드는 것이다. 그리고 신뢰야말로 진정한 주기를 가능하게 만든다. 치유는 환자의 마음에 있는 성령이 환자를 위해 구하는 마음의 변화다. 환자의 마음에 있

는 성령에게 선물을 주는 이는 바로 주는 자의 마음에 있는 성령이다. 그러니 선물이 어떻게 상실될 수 있겠는가? 선물이 어떻게 효과가 없을 수 있겠는가? 선물이 어떻게 허비될 수 있겠는가? 하느님의 보물창고는 결코 비어 있을 수 없다. 단 하나의 선물이라도 없어졌다면, 그 보물창고는 채워져 있는 게 아닐 것이다. 하지만 그것의 채워져 있음은 하느님이 보장하신다. 그렇다면 하느님의 교사가 그의 선물이 어떻게 될지 무슨 걱정을 할 수 있겠는가? 하느님이 하느님께 드리는데, 누가 이 거룩한 교환에서 모든 것보다 못하게 받을 수 있겠는가?

7. 치유는 반복되어야 하는가?

1 이 질문은 실제로 그 자체가 답이다. 치유는 반복될 수 없다. 환자가 치유되었다면, 그에게 치유되어야 할 무엇이 남아있겠는가? 우리가 이미 말한 대로 치유가 확실하다면, 반복해야할 무엇이 있겠는가? 하느님의 교사가 치유의 결과에 대해 계속 걱정하는 것은 치유를 제한하는 것이다. 이제 하느님의 교사 자신이야말로 마음의 치유가 필요하다. 그는 바로 이것을 촉진해야 한다. 이제 그가 바로 환자이므로, 그는 자신을 그렇게 간주해야 한다. 그는 실수를 했고, 그에 대한 자신의 마음을 바꾸겠다는 용의를 내야 한다. 진정으로 줄 수 있게 만들어주는 신뢰가 결핍됐기에, 그는 자신의 선물로 인한 혜택을 받지 못했다.

2 하느님의 교사가 치유를 위한 통로가 되려고 할 때마다, 그는 성공했다. 이를 의심하려는 유혹을 받는다면, 전에 한 노력을 반복하지 말아야 한다. 그것은 이미 최대치였으니, 성령이 그의 노력을 최대치로 받아들여서 최대치로 사

용했기 때문이다. 이제 하느님의 교사에게는 따라야 할 과정이 하나밖에 없다. 그는 그 문제를 결코 실패할 수 없는 분께 드렸다고 이성을 사용하여 스스로에게 말해주고, 자신의 의심은 사랑이 아니라 두려움이므로 결국 증오임을 인식해야 한다. 따라서 그의 입장은 옹호할 수 없게 되었으니, 그는 전에 사랑을 제공했던 이에게 증오를 제공하고 있기 때문이다. 이것은 불가능하다. 사랑을 제공했기에, 오로지 사랑만이 받아질(received) 수 있다.

3 하느님의 교사는 바로 이것을 신뢰해야 한다. 이것이 바로, 기적일꾼의 유일한 의무는 스스로 속죄를 받아들이는 것이라는 말이 진정으로 의미하는 것이다. 하느님의 교사는 자신이 받은 선물을 주기 때문에 기적일꾼이다. 하지만 그는 먼저 선물을 받아들여야(accept) 한다. 그는 더 이상 할 필요가 없으며, 그가 더 이상 할 수 있는 일이 있는 것도 아니다. 그는 치유를 받아들임으로써 치유를 줄 수 있다. 그가 이를 의심한다면, 그 선물을 누가 주었고 누가 받았는지 기억하게 하라. 이와 같이 그의 의심이 교정된다. 그는 하느님의 선물이 거둬들여질 수 있다고 생각했다. 그것은 실수였지만, 결코 계속 할 실수는 아니다. 따라서 하느님의 교사는 실수를 있는 그대로 인식하고, 실수가 그를 위해 교정되도록 할 수 있을 뿐이다.

4 인식하기 가장 어려운 유혹 중에 하나는, 겉보기에 계속되는 증상 때문에 치유를 의심하는 것은 신뢰의 결핍이라는 형식을 띤 실수라는 점이다. 그러하기에, 그것은 공격이다. 보통 그것은 정반대로 보인다. 계속 걱정하는 것은 곧 공격이라는 말을 들으면 처음에는 불합리하게 들린다. 그것은 사랑의 모든 겉

모습을 지녔다. 하지만 신뢰 없는 사랑은 불가능하며, 의심과 신뢰는 공존할 수 없다. 증오는 그것이 취한 형식과 상관없이 사랑의 반대다. 선물을 의심하지 마라, 그러면 그 결과를 의심하는 것은 불가능해진다. 바로 이런 확신이 하느님의 교사에게 기적일꾼이 될 권능을 주니, 그는 하느님을 신뢰하기로 한 것이기 때문이다.

5 하느님의 **교사**에게 어떤 문제가 해결하라고 주어지든, 그 결과에 대한 의심의 진짜 이유는 언제나 자기의심(self-doubt)이다. 그것은 환상에 불과한 자아(illusory self)를 신뢰했음을 함축할 수밖에 없으니, 그러한 자아만이 의심의 대상이 될 수 있기 때문이다. 이런 환상은 많은 형식을 띨 수 있다. 어쩌면 약함과 취약함에 대한 두려움이 있을 것이다. 어쩌면 부족하다는 느낌과 관련된 실패에 대한 두려움과 수치심이 있을 것이다. 어쩌면 거짓된 겸허에서 비롯되는 죄지은 것 같은 당혹스러움이 있을 것이다. 실수의 형식은 중요하지 않다. 중요한 것은 단지 실수를 실수로 인식하는 것뿐이다.

6 그런 실수는 항상 자아(the self)에 대한 걱정의 일종인데, 거기서 환자는 배제되어 있다. 그것은 환자를 자아의 일부로 인식하는데 실패한 것이며, 따라서 정체성의 혼란이다. 너의 정체에 대한 갈등이 네 마음에 들어왔고, 너는 자신에 대해 속게 되었다. 네가 자신에 대해 속는 이유는, 네 창조의 **근원**을 부정했기 때문이다. 오로지 치유만을 제공하고 있다면, 너는 의심할 수 없다. 문제가 해결되기를 정말로 원한다면, 너는 의심할 수 없다. 문제가 무엇인지 확신한다면, 너는 의심할 수 없다. 의심은 갈등하는 소망들의 결과다. 네가 무엇을 원

하는지 확실히 하라, 그러면 의심은 불가능해진다.

8. 난이도를 지각하는 것을 어떻게 피할 수 있는가?

1   난이도가 있다는 믿음은 세상의 지각의 기반이다. 그것은 평평하지 않은 배경과 바뀌기 쉬운 전경(foreground), 고르지 않은 높이와 다양한 크기, 명암의 다양한 정도, 각 사물이 인식되기 위해 다른 모든 사물과 경쟁하는 것처럼 보이게 만드는 수천 가지의 대비 등, 다른 점들에 의존한다. 더 큰 대상은 작은 대상을 그늘지게 한다. 더 밝은 것은 매력의 강도가 덜한 다른 것에서 주의를 빼앗아 온다. 세상의 기준으로 볼 때 더 위협적인 아이디어나 더 바람직하다고 여겨지는 아이디어는 마음의 평정을 완전히 무너뜨린다. 몸의 눈이 보는 것은 오로지 갈등뿐이다. 몸의 눈에 의지해 평화와 이해(understanding)를 구하지 마라.

2   환상은 언제나 다른 점들이 있다는 환상이다. 어떻게 다른 식일 수 있는가? 정의상 환상은 아주 중요하다고 여기지만 참이 아니라고 인식하는 무언가

를 실재하는 것으로 만들려는 시도다. 따라서 마음은 그것을 자기 것으로 갖고 싶은 강렬한 열망 때문에 그것을 참인 것으로 만들려고 한다. 환상은 피조물을 서투르게 모방한 것으로서, 진리를 거짓으로 가져가려고 시도한다. 진리를 받아들일 수 없다고 보는 마음은 진리에 맞서 반란을 일으키고는 승리했다는 환상을 자기 자신에게 준다. 마음은 건강을 짐으로 여겨, 열병과 같은 꿈속으로 물러난다. 이러한 꿈속에서 마음은 분리되어 있고, 다른 마음들과 다르며, 자신만의 다양한 이해관계가 있고, 다른 마음들을 희생시켜 자신의 욕구를 충족시킬 수 있다.

3 이 모든 다른 점들은 어디에서 오는가? 확실히 그것들은 바깥 세상에 있는 것 같다. 하지만 눈이 보는 것을 판단하는 것은 분명히 마음이다. 눈의 메시지를 해석하여 그것에 "의미"를 부여하는 것은 바로 마음이다. 이 의미는 전혀 바깥 세상에 존재하지 않는다. "실재"라고 보이는 것은 단지 마음이 더 좋아하는 것일 뿐이다. 마음은 자신의 가치의 위계를 바깥으로 투사한 후, 몸의 눈을 파견하여 그것을 찾아내게 한다. 몸의 눈은 오로지 다른 점들을 통해서만 볼 것이다. 하지만 지각이 의지하는 것은 몸의 눈이 가져다주는 메시지가 아니다. 오로지 마음만이 그 메시지들을 평가하기에, 오로지 마음만이 보기(seeing)에 대한 책임이 있다. 보이는 것이 실재하는지 환상에 불과한지, 바람직한지 바람직하지 않은지, 즐거운지 고통스러운지, 마음이 홀로 결정한다.

4 지각의 오류(errors)는 바로 이렇게 구분하고 범주를 나누는 마음의 활동 속으로 들어온다. 그리고 바로 이곳이 교정이 이루어져야 하는 곳이다. 마음은

몸의 눈이 가져다주는 것을 사전에 형성된 가치관에 따라 분류하고, 각각의 감각 데이터가 어디에 가장 잘 들어맞는지 판단한다. 어떤 기준이 이보다 더 틀릴 수 있겠는가? 스스로 인식은 못하지만, 마음은 이미 그 범주들에 잘 들어맞는 것을 달라고 요구했다. 그리고 그렇게 하였으므로, 마음은 그 범주들이 참임에 틀림없다고 결론짓는다. 바로 이것에 세상에 대한 판단이 의존하기에, 바로 이것에 온갖 다른 점들에 대한 판단이 의존한다. 과연 무엇이 이 혼란스럽고 무의미한 "추론"에 의존할 수 있겠는가?

5 치유에 난이도가 있을 수 없는 이유는 단지, 모든 병은 환상이기 때문이다. 정신 나간 자가 믿는 작은 환각이 더 큰 환각보다 쫓아내기가 더 힘들겠는가? 그가 조용한 환청보다는 시끄러운 환청의 비실재성에 더 빨리 동의하겠는가? 고함치는 것보다는 속삭이며 말하는 살인 요구를 더 쉽게 물리치겠는가? 그의 눈에 보이는 마귀들이 손에 쥔 쇠스랑 개수가 그가 지각하기에 그 마귀들이 믿을만한지 결정하는데 영향을 주겠는가? 그의 마음은 이미 그 마귀들을 실재하는 것의 범주에 넣었고, 따라서 마귀들은 그에게 실재한다. 그 마귀들이 모두 환상임을 그가 깨달을 때, 마귀들은 사라질 것이다. 그것은 치유와 관련해서도 마찬가지다. 환상들을 서로 다른 것처럼 보이게 만들어주는 속성들은 실제로 아무 상관이 없으니, 환상의 속성은 환상만큼이나 환상에 불과하기 때문이다.

6 몸의 눈은 계속해서 다른 점들을 보겠지만, 자신이 치유되게 한 마음은 더 이상 그것들을 인정하지 않을 것이다. 다른 사람들보다 "더 병든" 것처럼 보이

는 이들이 있을 것이며, 몸의 눈은 전과 같이 그들의 변한 겉모습을 보고할 것이다. 그러나 마음은 그 모두를 "그것은 실재하지 않는다."라는 범주 하나에 넣을 것이다. 바깥 세상에 있는 듯이 보이는 것으로부터 마음이 받는 메시지를 분류할 때 단지 두 범주만 의미가 있고, 그 중에 단 하나만 실재한다는 이해, 이 것이 마음의 **교사**가 주는 선물이다. 실재 안에는 다른 점들이 존재할 수 없는 까닭에 실재는 크기, 모양, 시간, 장소와 상관없이 전적으로 실재하듯이, 환상 들 또한 구분 없이 환상이다. 온갖 병에 대한 유일한 답은 치유다. 모든 환상에 대한 유일한 답은 진리다.

9. 하느님의 교사의 생활환경에 변화가 요구되는가?

1 변화는 하느님의 교사의 마음에 요구된다. 이는 외부 환경의 변화를 포함할 수도 있고 그렇지 않을 수도 있다. 지금 있는 곳에 우연히 있는 자는 아무도 없고, 하느님의 계획에서 우연은 아무런 역할도 없음을 기억하라. 이제 막 하느님의 교사가 된 자의 훈련에서 그의 마음가짐의 변화가 첫 단계가 아닐 가능성은 거의 없다. 하지만 훈련은 언제나 고도로 개별화되어 있기에, 정해진 패턴은 없다. 거의 즉각적으로 생활환경을 바꿀 것이 요구되는 자들도 있지만, 이는 대개 특별한 경우다. 절대 다수에게는 천천히 전개되는 훈련 프로그램이 주어지며, 그 과정에서 이전의 실수들이 최대한 많이 교정된다. 관계들은 특히 제대로 지각되어야 하고, 용서하지 않음(unforgiveness)의 모든 어두운 초석도 제거되어야 한다. 그렇지 않으면 낡은 사고체계는 여전히 복귀할 기반을 갖고 있는 것이다.

2 하느님의 교사는 훈련에서 진보함에 따라 하나의 레슨을 점점 더 철저하

게 배운다. 그는 독자적으로 결정하지 않는다; 그는 자신의 **교사**에게 그의 대답을 줄 것을 청하며, 바로 이것을 행동에 대한 안내로 따른다. 하느님의 교사가 자신의 판단을 포기하는 법을 배울수록, 그렇게 하기가 점점 더 쉬워진다. 판단의 포기는 하느님의 **음성**을 듣기 위한 명백한 전제조건이지만, 일반적으로 상당히 느리게 진행되는 과정이다. 그 이유는 판단을 포기하는 것이 어려워서가 아니라, 그것을 개인적인 모욕으로 지각하는 경향이 있기 때문이다. 세상의 훈련은 우리의 커리큘럼의 목표와 정반대되는 목표를 달성하는 것을 겨냥한다. 세상은 성숙함과 힘의 척도로서 자신의 판단에 의지하도록 훈련시킨다. 우리의 커리큘럼은 구원의 필요조건으로서 판단을 포기하도록 훈련시킨다.

10. 판단을 어떻게 포기하는가?

1 환상의 세상을 지탱해주는 다른 도구들과 마찬가지로, 세상은 판단을 완전히 잘못 이해한다. 판단은 실제로 지혜와 혼동되고, 진리를 대신한다. 세상이 판단이라는 용어를 사용하는 것에 따르면 개인은 "좋은" 판단과 "나쁜" 판단을 할 수 있고, 그의 교육은 전자를 강화하고 후자를 최소화하는 것을 겨냥한다. 그러나 그런 범주들이 무엇을 의미하는지에 대해 상당한 혼란이 있다. 어떤 사람에게 "좋은 판단"인 것이 다른 사람에게는 "나쁜 판단"이다. 게다가 똑같은 사람조차도 똑같은 행위를 어떤 때는 "좋은" 판단을 보여준다고 분류하고, 다른 때는 "나쁜" 판단을 보여준다고 분류한다. 또한 이 범주들이 과연 무엇인지 결정하기 위한 어떤 일관된 기준을 실제로 가르칠 수 있는 것도 아니다. 학생은 그의 교사 지망생이 그 기준에 대해 말하는 것에 언제라도 동의하지 않을 수 있으며, 교사 스스로도 자신이 믿고 있는 것에 일관성이 없다.

2 이런 면에서 "좋은 판단"은 아무것도 의미하지 않는다. "나쁜 판단"도 마찬가지다. 하느님의 교사는 그가 판단하지 말아야 한다는 사실이 아니라, 판단할 수 없다는 사실을 깨달아야 한다. 판단을 포기할 때, 그는 단지 가진 적이 없는 것을 포기하는 것이다. 그는 환상 하나를 포기한다; 더 정확히 말하자면, 그는 포기한다는 환상 하나를 가졌다. 그는 실제로 그저 더 정직해졌을 뿐이다. 판단은 그에게 언제나 불가능했음을 인식함으로써, 그는 더 이상 판단하려고 시도하지 않는다. 이것은 희생이 아니다. 반대로, 그는 판단이 자신에 의해 일어나는 것이 아니라 자신을 통해 일어날 수 있는 위치에 서게 된다. 이런 판단은 "좋은" 것도 "나쁜" 것도 아니다. 그것은 존재하는 유일한 판단이며, 단 하나뿐인 판단으로서 다음과 같다: "하느님의 아들은 죄가 없고, 죄는 존재하지 않는다."

3 우리의 커리큘럼은 세상의 배움과 달리, 통상적인 의미에서의 판단은 불가능하다는 인식을 겨냥한다. 이것은 의견이 아니라, 사실이다. 네가 어떤 것이든 바르게 판단하려면, 지나간 일, 현재 일어나고 있는 일, 앞으로 벌어질 일에 대해 상상조차 할 수 없을 정도의 넓은 범위에 걸쳐 충분히 알아차리고 있어야 할 것이다. 너는 어떤 식으로든 관련된 모든 사람과 모든 것에 너의 판단이 미칠 그 모든 영향을 미리 인식하고 있어야 할 것이다. 그리고 지금이나 미래에나 모든 사람을 완전히 공평하게 판단하도록, 너의 지각에 어떤 왜곡도 없음을 확신해야 할 것이다. 누가 그런 판단을 하는 위치에 있는가? 거창한 판타지 속에 있지 않는 한, 누가 스스로 그럴 권리를 주장하려 하겠는가?

4 네가 판단하는 데 필요한 모든 "사실"을 안다고 생각한 적이 얼마나 많았는지, 하지만 네가 얼마나 틀렸었는지 기억하라! 이러한 경험을 해보지 않은 사람이 있는가? 네가 틀렸다는 것은 전혀 깨닫지도 못한 채, 그저 네가 옳다고 생각한 적이 얼마나 많았는지 알겠는가? 너는 왜 결정을 위해 이렇게 제멋대로인 기준을 선택하려 하는가? 지혜는 판단이 아니라, 판단의 포기다. 그렇다면 다음과 같은 판단 하나만 더 내리라 – 누군가(Someone, 성령)가 너와 함께 있는데, 그의 판단은 완벽하다. 그는 지나간, 현재 일어나고 있는, 앞으로 벌어질 모든 사실을 정녕 안다. 그는 어떤 식으로든 관련된 모든 사람과 모든 것에 그의 판단이 미칠 그 모든 영향을 정녕 안다. 또한 그는 모든 이에게 전적으로 공평하니, 그의 지각에는 왜곡이 없기 때문이다.

5 그러니 아쉬워하는 것이 아니라 감사의 한숨을 내쉬며 판단을 내려놓아라. 이제 너는 그저 휘청거리다가 넘어져 그 밑에 깔릴 수밖에 없을 정도로 큰 짐을 내려놓았다. 그 짐은 모두 환상이었다. 그 이상 아무것도 아니다. 이제 하느님의 교사는 짐 없이 일어나 가볍게 걸어갈 수 있다. 하지만 그가 얻는 혜택은 이것만이 아니다. 그의 걱정이 사라진다. 왜냐하면 이제 그에겐 어떤 걱정거리도 없기 때문이다. 그는 판단과 함께 걱정거리도 드렸다. 그는 자기 자신을 성령께 드렸고, 이제 자신의 판단 대신에 성령의 판단을 신뢰하기로 선택했다. 이제 그는 실수를 하지 않는다. 그의 **안내자**는 확실하다. 전에 판단하러 왔던 곳에, 이제 그는 축복하러 온다. 지금 웃고 있는 그곳에, 전에 그는 울려고 오곤 했다.

6 판단을 포기하는 것은 어렵지 않다. 그러나 판단을 간직하려고 하는 것은 정녕 어렵다. 하느님의 교사는 판단의 대가를 인식하는 순간, 판단을 행복하게 내려놓는다. 그가 자신과 관련해서 보는 그 모든 추함은 판단의 결과다. 그가 바라보는 그 모든 고통은 판단의 결과다. 그 모든 외로움과 상실감, 흘러가 버리는 시간과 점점 커지는 좌절감, 넌더리나는 절망과 죽음에 대한 두려움 − 이 모든 것이 판단에서 왔다. 이제 그는 이러한 것들이 있을 필요가 없음을 안다. 그 중 단 하나도 참이 아니다. 왜냐하면 그는 그것들의 원인을 포기했기 때문이다. 결코 존재한 적이 없으며, 단지 그의 잘못된 선택의 결과일 뿐인 그것들은 그에게서 떨어져나갔다. 하느님의 교사여, 이 단계는 네게 평화를 안겨줄 것이다. 그저 이것만 원하는 것이 어려울 수 있겠는가?

11. 이 세상에서 평화가 어떻게 가능한가?

1 이것은 모든 이가 물어야하는 질문이다. 확실히 평화는 불가능해 보인다. 하지만 하느님의 **말씀**은 이것뿐만 아니라, 불가능해 보이는 다른 것들도 약속한다. 하느님의 **말씀**은 평화를 약속했다. 그것은 또한 죽음은 없으며, 부활은 반드시 일어나고, 거듭남은 사람이 물려받은 유산이라고 약속했다. 네가 보는 세상은 하느님이 사랑하시는 세상일 수 없으나, 그의 **말씀**은 그가 세상을 사랑하신다고 우리에게 확신시켜준다. 하느님의 **말씀**은 여기에서 평화가 가능하다고 약속했고, 그가 약속하시는 것은 도저히 불가능할 수 없다. 그러나 그의 약속을 받아들이려면, 세상을 달리 보아야 한다는 것도 맞는 말이다. 세상이 참으로 무엇인지는 단지 하나의 사실일 뿐이다. 너는 그것이 어떠해야 하는지 선택할 수 없다. 하지만 너는 그것을 어떻게 보려하는지 선택할 수 있다. 사실 너는 그런 선택을 해야만 한다.

2 이제 우리는 다시 판단의 문제로 돌아온다. 이번에는, 너의 판단과 하느님의 **말씀** 중에 어떤 것이 참일 것 같은지 자문해보라. 그 둘은 세상에 대해 서로 다른 말을 하는데, 그것들은 너무도 정반대라서 조화시키려는 시도는 무의미하기 때문이다. 하느님은 세상에 구원을 베푸신다; 너의 판단은 세상을 정죄하려 한다. 하느님은 죽음은 없다고 말씀하신다; 너의 판단은 생명의 불가피한 종말로서 죽음만을 볼 뿐이다. 하느님의 **말씀**은 그가 세상을 사랑하신다고 너에게 확신시켜준다; 너의 판단은 세상은 사랑스럽지 않다고 말한다. 누가 옳은가? 너와 하느님 중에 하나는 틀리기 때문이다. 그럴 수밖에 없다.

3 텍스트는 네가 만든 모든 문제에 대한 유일한 **응답**이 바로 성령이라고 설명한다. 그 문제들은 실재하지 않지만, 그 문제들이 존재한다고 믿는 자들에게 그런 사실은 무의미하다. 누구나 자신이 만든 것이 존재한다고 믿으니, 그것은 그가 그것을 믿음으로써 만들어졌기 때문이다. 이런 이상하고 역설적인 상황, 의미도 없고 말도 안 되지만 무슨 수를 써도 빠져나가는 것이 불가능해 보이는 상황 속으로, 하느님이 당신의 **판단**을 보내셔서 너의 판단에 응답하게 하셨다. 부드럽게, 그의 **판단**은 너의 판단을 대체한다. 그리고 이런 대체를 통해, 이해될 수 없는 것이 이해될 수 있게 된다. 이 세상에서 평화가 어떻게 가능한가? 너의 판단으로는 그것은 가능하지 않고, 결코 가능할 수도 없다. 그러나 하느님의 **판단**으로는, 이곳에 반영되어 있는 것은 오로지 평화뿐이다.

4 전쟁을 바라보는 자들에게 평화는 불가능하다. 평화를 베푸는 자들에게 평화는 불가피하다. 그렇다면 세상에 대한 너의 판단에서 얼마나 쉽게 벗어날

수 있는지! 평화를 불가능해 보이게 만드는 것은 세상이 아니다. 불가능한 것은 오히려 네가 보는 세상이다. 하지만 이 왜곡된 세상에 대한 하느님의 **판단**은 세상을 구원해서, 평화를 맞아들일만하게 만들었다. 그리고 평화가 기쁘게 응답하면서 세상에 강림한다. 하느님의 **생각** 하나가 들어왔기에, 이제 평화는 이곳에 속한다. 하느님의 **생각** 말고 그 무엇이, 그저 그 자체로 존재함으로써 지옥을 천국으로 바꾸겠는가? 그 은혜로운 **현존** 앞에 땅이 엎드려 절하고, 그 **현존**은 이에 대한 응답으로 몸을 숙여 땅을 다시 일으켜 세운다. 이제 질문은 다르다. 질문은 더 이상 "이 세상에서 평화가 가능한가?"가 아니라, "여기에 평화가 없다는 것이 불가능하지 않은가?"이다.

12. 세상을 구하려면 얼마나 많은
하느님의 교사가 필요한가?

1 이 질문에 대한 답은 "하나"이다. 배움이 완성된, 전적으로 완벽한 교사 하나면 족하다. 축성되고 구원된 이 **하나**가 하느님의 아들인 **자아**가 된다. 언제나 전적으로 영(spirit)이었던 그는 이제 자기 자신을 더 이상 몸으로 여기지 않고, 심지어 몸 안에 있다고 여기지도 않는다. 따라서 그는 한계가 없다. 한계가 없기에, 그의 생각들은 하느님의 **생각**과 영원무궁토록 결합되어 있다. 그는 자신의 판단이 아니라 하느님의 판단에 근거하여 자기 자신을 지각한다. 따라서 그는 하느님의 **뜻**을 공유하며, 여전히 망상 속에 있는 마음들에게 하느님의 **생각들**을 전해준다. 그는 하느님이 창조하신 그대로이므로, 영원히 **하나**다. 그는 그리스도를 받아들였고, 따라서 구원되었다.

2 이와 같이 사람의 아들이 하느님의 아들이 된다. 그것은 실제로는 어떤 변화가 아니다. 그것은 단지 마음의 변화일 뿐이다. 밖에 있는 것은 아무것도 변

하지 않지만, 안에 있는 모든 것은 이제 하느님의 **사랑**만을 반영한다. 더 이상 하느님을 두려워할 수 없으니, 마음은 처벌의 어떤 근거도 보지 않기 때문이다. 하느님의 교사들은 많은 것처럼 보이니, 그러한 것이 바로 세상의 필요이기 때문이다. 하지만 그들이 하느님과 공유하는 하나의 목적 안에서 결합되어 있거늘, 어떻게 서로 분리되어 있을 수 있겠는가? 그렇다면 그들이 많은 형태로 나타난다 하더라도 무슨 상관이겠는가? 그들의 마음은 하나이며, 그들의 결합은 완벽하다. 하느님은 이제 그들을 통해 **하나**로서 일하시니, 그것이 바로 그들의 정체이기 때문이다.

3   다수라는 환상이 왜 필요한가? 그 이유는 단지 망상에 빠진 자들은 실재를 이해할 수 없기 때문이다. 극소수만이 하느님의 **음성**을 듣기라도 할 수 있고, 그들조차도 하느님의 메시지를 그들에게 준 **영**을 통해 그 메시지를 직접 전할 수 없다. 그들에게는 자신이 영임을 깨닫지 못하는 자들과의 소통을 가능케 해주는 매개가 필요하다. 몸은, 그들이 볼 수 있는 것이다. 목소리는, 그들이 이해할 수 있는 것이며, 자신 안에서 진리와 마주칠 것이라는 두려움 없이 귀 기울일 수 있는 것이다. 진리는 두려움 없이 환영받는 곳에만 올 수 있음을 잊지 마라. 따라서 하느님의 교사들에겐 정녕 몸이 필요하니, 그들의 단일성(unity)은 직접적으로 인식될 수 없기 때문이다.

4   하지만 몸의 올바른 목적을 인식하는 것이야말로 그들을 하느님의 교사로 만들어주는 것이다. 그들이 자신의 소임에서 진보할수록, 몸의 기능은 단지 하느님의 **음성**이 몸을 통해 사람의 귀에 이야기하도록 허용하는 것임을 점점 더

확신하게 된다. 그럴 때 귀는 이 세상의 것이 아닌 메시지를 듣는 자의 마음에 날라다 줄 것이며, 그 마음은 그 메시지를 그 **근원**으로 인해 이해할 것이다. 그는 이런 이해로부터 몸의 목적이 실제로 무엇인지 인식하게 될 것이며, 따라서 새로이 하느님의 교사가 된다. 그 목적은 몸이 실제로 가진 유일한 용도다. 이 레슨은 단일성에 대한 생각이 들어오도록 하기에 충분하므로, 하나인 것이 하나로서 인식된다. 하느님의 교사는 분리의 환상을 공유하는 것처럼 보이지만, 그들이 몸을 사용하는 목적으로 인해, 겉모습에도 불구하고 환상을 믿지 않는다.

5 중심이 되는 레슨은 언제나 다음과 같다 — 네가 몸을 무엇을 위해 사용하느냐에 따라, 몸은 너에게 그렇게 될 것이다. 몸을 죄를 위해, 혹은 죄와 똑같은 공격을 위해 사용하라, 그러면 너는 몸을 죄 있다고 볼 것이다. 몸은 죄가 있으므로 약하고, 약하므로 고통 받다 죽는다. 몸을 하느님의 **말씀**을 지니지 않은 자들에게 그 **말씀**을 전하는데 사용하라, 그러면 몸은 거룩해진다. 몸은 거룩하기에 병들 수도 죽을 수도 없다. 그 유용성이 다하면 몸은 뉘어지고, 그것이 전부다. 몸의 상태에 책임이 있는 모든 결정을 마음이 하는 것처럼, 마음이 이런 결정을 한다. 하지만 하느님의 교사는 이런 결정을 혼자 하지 않는다. 그렇게 하는 것은 몸에게 몸을 거룩하게 유지시켜주는 목적과 다른 목적을 부여하는 것이 된다. 하느님의 **음성**은 그에게 그의 기능이 무엇인지 알려주는 것처럼, 그가 언제 자신의 역할을 다했는지 알려줄 것이다. 그는 떠날 때도 남아있을 때도 고통 받지 않는다. 병은 이제 그에게 불가능하다.

6 하나인 상태(Oneness)와 병은 공존할 수 없다. 하느님의 교사는 한동안 꿈을 보기로 선택한다. 그것은 의식적인 선택이다. 그는 그 선택의 결과에 대해

충분히 알아차리면서, 모든 선택은 의식적으로 내려진다는 것을 배웠기 때문이다. 꿈은 다르게 말하지만, 일단 꿈을 있는 그대로 인식한 이상 누가 꿈을 믿으려 하겠는가? 꿈꾸고 있음을 알아차리는 것이 하느님의 교사의 진정한 기능이다. 그들은 꿈속의 등장인물들이 왔다가 가고, 바뀌고 변하며, 고통 받다 죽는 것을 지켜본다. 하지만 그들은 보는 것에 속지 않는다. 그들은 꿈속의 어떤 등장인물이 아프고 분리되어 있다고 보는 것은 그것을 건강하고 아름답다고 여기는 것과 마찬가지로 진짜가 아님을 인식한다. 단일성만이 홀로 꿈에 속하지 않는다. 바로 이것이 하느님의 교사가 꿈 뒤에 있다고, 모든 봄(seeing) 너머에 있지만 확실히 자신의 것이라고 인정하는 것이다.

13. 희생의 진정한 의미는 무엇인가?

1   실제로 희생이란 용어는 전혀 무의미하지만, 세상에서는 과연 의미가 있다. 세상에 있는 모든 것처럼 희생의 의미는 일시적이며, 더 이상 쓸모없을 때 결국 그것이 비롯된 무(nothingness)로 사라져버릴 것이다. 이제 희생의 진정한 의미가 우리의 레슨이다. 모든 레슨들처럼 그 레슨은 하나의 환상이니, 실제로는 배울 것이 아무것도 없기 때문이다. 하지만 이 환상은 반드시 교정 도구, 즉 첫 번째 환상을 대체하는 또 하나의 환상으로 대체되어야 하며, 그럼으로써 둘 다 마침내 사라질 수 있다. 첫 번째 환상은, 또 다른 사고체계가 확고히 자리 잡을 수 있으려면 그 전에 쫓아내야 하는 것으로서, 이 세상의 것을 포기하는 것이 희생이라는 것이다. 이야말로 환상이 아닌 무엇일 수 있겠는가? 이 세상 자체가 환상에 지나지 않으니 말이다.

2   세상은 줄 것이 아무것도 없다는 사실을 깨달을 뿐만 아니라 받아들이기

까지 하려면 큰 배움이 필요하다. 무(nothing)를 희생하는 것이 무엇을 의미할 수 있겠는가? 그것은 네가 그 희생 때문에 더 적게 가지게 되는 것을 의미할 수는 없다. 세상이 말하는 희생 중에 그 무엇도 몸과 관련되지 않은 것이 없다. 세상이 희생이라고 부르는 것에 대해 잠시 생각해 보라. 권력, 명예, 돈, 육체적 쾌락 – 이 모든 것을 소유한 주인공은 누구인가? 그것들이 몸이 아닌 것에게 어떤 의미라도 있을 수 있겠는가? 하지만 몸은 평가할 수 없다. 이러한 것들을 추구함으로써 마음은 자신을 몸과 관련짓게 되고, 결국 자신의 정체를 가려서 자신이 참으로 무엇인지 잊게 된다.

3 일단 이런 혼동이 일어나면, 세상의 모든 "쾌락"은 아무것도 아님을 마음이 이해하는 것은 불가능해진다. 그러나 이 모든 것에 수반되는 희생은 얼마나 엄청난지! 그것은 정녕 희생이다! 이제 마음은 자신에게 구하나 찾지 못하고, 영원히 실망스럽고 불만족스러우며, 정말로 찾고 싶어 하는 것이 무엇인지 모르는 형벌을 내린 것이다. 누가 이런 자기 정죄에서 벗어날 수 있겠는가? 오로지 하느님의 **말씀**을 통해서만, 그것은 가능할 수 있다. 왜냐하면 자기 정죄는 정체성에 대한 결정으로서, 자신의 정체라고 믿는 것을 의심하는 자는 아무도 없기 때문이다. 그는 모든 것을 의심할 수 있어도, 이것만은 결코 아니다.

4 하느님의 교사는 세상의 쾌락을 포기하는 것을 아쉬워할 수 없다. 고통을 포기하는 것이 희생인가? 어른이 아이들 장난감을 포기하는 것을 분하게 여기는가? 이미 비전으로 그리스도의 얼굴을 언뜻 본 자가 도살장을 그리워하며 뒤돌아보는가? 세상과 세상의 그 모든 병폐를 벗어난 자라면 그 누구도 세

상을 정죄하려고 뒤돌아보지 않는다. 하지만 그는 자신이 세상의 가치가 요구하는 모든 희생에서 자유로운 것을 기뻐할 수밖에 없다. 세상의 쾌락에게, 그는 자신의 모든 자유를 희생한다. 세상의 쾌락에게, 그는 자신의 모든 평화를 희생한다. 그리고 세상의 쾌락을 소유하기 위해, 그는 천국에 대한 희망과 아버지의 **사랑**에 대한 기억을 희생해야 한다. 제정신인 자라면 그 누가 모든 것(everything)에 대한 대체물로 무(nothing)를 선택하겠는가?

5 희생의 진정한 의미는 무엇인가? 그것은 환상을 믿는 비용이다. 그것은 진리를 부정하기 위해 치러야 하는 대가다. 세상의 쾌락 중에 이것을 요구하지 않는 것은 없으니, 그렇지 않다면 쾌락은 고통으로 보일 것이기 때문이다. 고통을 알아본다면, 아무도 고통을 요청하지 않는다. 사람을 눈멀게 하는 것은 바로 희생이라는 아이디어다. 그는 자신이 무엇을 요청하고 있는지 보지 못한다. 따라서 그것을 천 개의 방법으로 천 개의 장소에서 구하면서, 그때마다 그것이 거기에 있다고 믿지만 그때마다 결국 실망한다. "구하라 그러나 찾지는 말라."라는 말은 여전히 이 세상의 엄격한 칙령이고, 세상의 목표를 좇는 자는 그 누구도 다른 식으로 할 수 없다.

6 너는 이 수업이 네가 정말로 소중히 여기는 모든 것에 대한 희생을 요구한다고 믿을 수도 있다. 이것은 어떤 의미에서 맞는 말이니, 너는 하느님의 아들을 십자가에 못 박는 것들을 소중히 여기기 때문이다. 그리고 이 수업의 목적은 그를 자유로이 풀어주는 것이다. 그렇지만 희생이 무엇을 의미하는지에 대해 잘못 생각하지 마라. 희생은 항상 네가 원하는 것을 포기하는 것을 의미한다.

오, 하느님의 교사여! 그렇다면 네가 원하는 것은 무엇인가? 너는 하느님의 **부르심**을 받았고, 응답했다. 너는 이제 그 **부르심**을 희생하려는가? 아직은 극소수만이 그 **부르심**을 들었고, 그들은 네게 의지할 수밖에 없다. 온 세상에 그들이 신뢰할 수 있는 다른 희망은 없다. 온 세상에 하느님의 **음성**을 반향하는 다른 음성은 없다. 네가 진리를 희생하려 한다면, 그들은 지옥에 머물 것이다. 그들이 지옥에 머문다면, 너도 그들과 함께 거기에 남아있을 것이다.

7 희생은 총체적임을 잊지 마라. "절반의 희생"이란 없다. 너는 천국을 부분적으로 포기할 수 없다. 너는 지옥에 조금만 있을 수 없다. 하느님의 **말씀**에 예외는 없다. 바로 이 점이 하느님의 **말씀**을 거룩하고 세상을 초월하게 만든다. 바로 그 **말씀**의 거룩함이 하느님을 가리킨다. 바로 그 **말씀**의 거룩함이 너를 안전하게 만든다. 네가 어떤 이유로든 어떤 형제라도 공격한다면, 하느님의 **말씀**은 부정된다. 왜냐하면 바로 여기에서 하느님과의 결별이 일어나기 때문이다. 그것은 불가능한 결별, 일어날 수 없는 결별이지만 네가 확실히 믿을 결별이니, 너는 불가능한 상황을 설정해 놓았기 때문이다. 이러한 상황에서는 불가능한 것이 일어나는 듯이 보일 수 있다. 그것은 진리를 "희생"하여 일어나는 듯이 보인다.

8 하느님의 교사여, 희생의 의미를 잊지 말고, 네가 하는 각각의 결정이 그 대가라는 면에서 무엇을 의미할 수밖에 없는지 기억하라. 하느님을 위한 결정을 하라, 그러면 모든 것이 아무런 대가 없이 네게 주어진다. 하느님께 반하는 결정을 하라, 그러면 너는 모든 것에 대한 자각을 희생하여 무를 선택하는 것이

다. 너는 무엇을 가르치려 하는가? 네가 무엇을 배우려고 하는지만 기억하라. 왜냐하면 바로 이것이야말로 네가 관심을 두어야 할 것이기 때문이다. 속죄는 너를 위한 것이다. 너의 배움이 속죄를 청구하고, 너의 배움이 속죄를 준다. 세상에는 속죄가 없으나, 이 수업을 배우면 속죄가 네 것이다. 하느님이 당신의 **말씀**을 네게 내밀어 보여주시니, 하느님은 교사들이 필요하시기 때문이다. 하느님의 아들을 구할 다른 어떤 방법이 있겠는가?

14. 세상은 어떻게 끝날 것인가?

1 시작이 없는 것이 정녕 끝날 수 있겠는가? 세상은 시작했을 때처럼, 하나의 환상으로 끝날 것이다. 하지만 그 끝은 자비의 환상일 것이다. 완전하고, 아무도 제외하지 않으며, 온유함이 한계가 없는 용서의 환상이 세상을 감싸서 모든 악을 감추고, 모든 죄를 숨기며, 죄의식을 영원히 끝낼 것이다. 죄의식이 만든 세상은 이렇게 끝날 것이니, 이제 세상은 아무런 목적도 없어 사라졌기 때문이다. 환상에 어떤 목적이 있으며, 환상이 어떤 필요에 부응하거나 어떤 욕구를 채워준다는 믿음이 바로 환상의 아버지다. 목적이 없다고 지각되면, 환상은 더이상 보이지 않는다. 그 무용성이 인식되면, 환상은 사라진다. 이런 식이 아니라면 모든 환상이 어떻게 끝났겠는가? 환상이 진리로 가져와졌으나, 진리는 환상을 보지 않았다. 진리는 그저 무의미한 것을 간과했을 뿐이다.

2 용서가 완성되기 전에는 세상엔 정녕 목적이 있다. 세상은 용서가 태어나

서 자라나고, 점점 더 강해지고, 점점 더 모든 것을 아우르게 되는 집이 된다. 용서는 여기에서 양육되니, 용서는 여기에서 필요하기 때문이다. 죄가 만들어지고 죄의식이 실재한다고 보인 곳에서 태어난 온유한 **구원자**. 이곳이 그의 집이니, 이곳은 그를 정녕 필요로 하기 때문이다. 그는 세상의 끝을 가지고 온다. 하느님의 교사들은 바로 그의 부름에 응답하면서, 그의 **말씀**을 받으려고 침묵 속에서 그를 향해 돌아선다. 세상의 모든 것이 그의 판단에 의해 바르게 판단받았을 때, 세상은 끝날 것이다. 세상은 거룩함의 축복을 받으며 끝날 것이다. 단 하나의 죄의 생각도 남아있지 않을 때, 세상은 끝난다. 세상은 파괴되지도 공격받지도, 심지어 건드려지지도 않을 것이다. 세상은 그저 존재하는 듯이 보이기를 멈출 것이다.

3 확실히 이는 멀고도 먼 훗날의 일처럼 보인다. "단 하나의 죄의 생각도 남아있지 않을 때"는 과연 장기적인 목표인 것 같다. 그러나 시간은 고요히 서서 하느님의 교사들의 목표를 섬기려고 대기한다. 그들 중 어느 하나라도 스스로 속죄를 받아들이는 순간, 단 하나의 죄의 생각도 남아있지 않을 것이다. 하나의 죄를 용서하는 것이 모든 죄를 용서하는 것보다 더 쉬운 것은 아니다. 난이도의 환상은 하느님의 교사가 반드시 넘는 법을 배워서 뒤로 하고 가야 하는 장애물이다. 하느님의 교사 한 명이 완벽하게 용서한 죄 하나가 구원을 완성할 수 있다. 너는 이를 이해할 수 있는가? 아니다! 그것은 여기에 있는 그 누구에게도 의미가 없다. 하지만 그것은 단일성이 회복되는 마지막 레슨이다. 그것은 세상의 모든 생각을 거스르지만, 천국 또한 그러하다.

4 세상의 사고체계가 완벽하게 뒤집혔을 때, 세상은 끝날 것이다. 그때까지는, 세상의 생각의 조각들과 파편들은 여전히 그럴듯하게 보일 것이다. 세상을 떠나 그 작디작은 범위 너머로 갈 준비가 되지 않은 자들은 세상의 끝을 가져오는 마지막 레슨을 이해할 수 없다. 그렇다면 이 끝맺는 레슨에서 하느님의 교사의 기능은 무엇인가? 그는 다만 그 레슨에 어떻게 다가가는지, 그 방향으로 가려는 용의를 어떻게 내는지만 배우면 된다. 하느님의 **음성**이 그것은 배울 수 있는 레슨이라고 말해줄 때, 그는 다만 그것을 배울 수 있다고 신뢰하기만 하면 된다. 그는 그 레슨이 어렵다고도 쉽다고도 판단하지 않는다. 그의 **교사**가 그 레슨을 가리키고 있고, 그는 그 **교사**가 그 레슨을 어떻게 배울지 보여줄 것임을 신뢰한다.

5 세상은 슬픈 곳이므로, 기쁨 속에 끝날 것이다. 기쁨이 왔을 때, 세상의 목적은 사라졌다. 세상은 전쟁터이므로, 평화 속에 끝날 것이다. 평화가 왔을 때, 무엇이 세상의 목적이란 말인가? 세상은 눈물바다이므로, 웃음 속에 끝날 것이다. 웃음이 있는 곳에서, 누가 더 이상 울 수 있겠는가? 완전한 용서만이 이 모든 것을 가져와 세상을 축복할 것이다. 세상은 축복 속에 떠나니, 세상은 시작된 것처럼 끝나지 않을 것이기 때문이다. 지옥을 천국으로 바꾸는 것이 하느님의 교사들의 기능이니, 그들이 가르치는 것은 천국이 반영된 레슨이기 때문이다. 이제 진정으로 겸손하게 앉아, 하느님이 네가 하기를 원하시는 모든 일을 네가 할 수 있음을 깨달아라. 오만해져서 하느님의 커리큘럼을 배울 수 없다고 말하지 마라. 하느님의 **말씀**은 달리 말한다. 하느님의 **뜻**은 이루어진다. 그것은 다른 식으로 될 수 없다. 그것이 그러함에 감사하라.

15. 각 사람은 결국에 심판 받을 것인가?

1 정말 그렇다! 아무도 하느님의 **최후의 심판**(Final Judgment)을 벗어날 수 없다. 누가 진리로부터 영원히 달아날 수 있겠는가? 하지만 최후의 심판은 더 이상 두려움과 결부되지 않을 때까지는 오지 않을 것이다. 각 사람은 어느 날엔가 최후의 심판을 환영할 것이며, 바로 그 날 최후의 심판이 그에게 주어질 것이다. 그가 자신에 대한 하느님의 최후의 심판을 받아들임에 따라, 그는 자신의 죄 없음이 세상 곳곳에 선포되면서 세상을 해방시키는 소리를 들을 것이다. 이것이 바로, 그 안에 구원이 들어있는 심판이다. 이것이 바로, 그를 해방시킬 심판이다. 이것이 바로, 모든 것이 그와 더불어 해방될 심판이다. 영원이 다가옴에 따라 시간은 잠시 멈춰 서고, 침묵이 온 세상에 드리워져 모든 이가 하느님의 아들에 대한 다음과 같은 심판을 들을 수 있게 한다:

2 너는 참으로 거룩하도다. 또한 영원하고, 자유롭고, 온전하며,

하느님의 가슴에 영원히 평화롭게 있다.

이제 세상은 어디에 있고, 슬픔은 어디에 있단 말인가?

3 하느님의 교사여, 이것이 너 자신에 대한 심판인가? 너는 이것이 전적으로 참이라고 믿는가? 아직은, 아직은 아니다. 그러나 이것은 여전히 너의 목표, 네가 여기에 있는 이유다. 너의 기능은 바로 이 심판을 듣고 그것이 참임을 인식할 수 있도록 너 자신을 준비시키는 것이다. 이것을 완벽하게 한 순간만 믿어라, 그러면 너는 믿음을 넘어 확실성으로 갈 것이다. 시간 밖의 한 순간이 시간의 끝을 가져올 수 있다. 판단하지 마라. 너는 단지 너 자신을 판단할 뿐이며, 그럼으로써 이러한 최후의 심판을 미룰 뿐이기 때문이다. 하느님의 교사여, 세상에 대한 너의 판단(judgement)은 무엇인가? 너는 아직 옆으로 물러서서 네 안에서 심판의 **음성**을 듣는 법을 배우지 못했는가? 혹은 여전히 그의 역할을 대신 떠맡으려 하는가? 조용히 있는 법을 배워라. 그의 **음성**은 고요한 가운데서만 들리기 때문이다. 하느님의 심판은 조용히 귀 기울이는 가운데 옆으로 물러서 하느님을 기다리는 모든 이에게 온다.

4 너희는 때로는 슬퍼하고 때로는 분노하며, 때로는 너의 정당한 몫이 안 주어지고, 최선의 노력이 인정은 고사하고 경멸을 받는다고 느낀다. 이제 이런 어리석은 생각을 포기하라. 그런 생각은 너희의 거룩한 마음을 한 순간이라도 더 차지하기에는 너무도 보잘 것 없고 무의미하다. 하느님의 심판이 너를 해방시키려고 기다린다. 세상의 선물을 네가 어떻게 판단하든 상관없이, 네가 이보다

더 갖고 싶어 하는 그 무엇을 세상이 건네 줄 수 있겠는가? 너는 심판받을 것이며, 공평하고 정직하게 심판받을 것이다. 하느님 안에 속임수란 없다. 하느님의 약속은 확실하다. 그것만 기억하라. 하느님의 약속은 결국에는 하느님의 판단만이 받아들여질 것임을 보장했다. 그런 결말이 빨리 오게 만드는 것이 너의 기능이다. 그 결말을 가슴에 굳게 간직하고, 그것을 온 세상에 제공하여 안전하게 지키는 것이 너의 기능이다.

16. 하느님의 교사는
하루를 어떻게 보내야 하는가?

1 하느님의 상급 교사에게 이런 질문은 무의미하다. 커리큘럼 상의 레슨들이 매일 바뀌므로, 프로그램은 없다. 하지만 그는 그 레슨들이 아무렇게나 바뀌지 않는다는 한 가지 사실만은 확신한다. 이것을 알고 이것이 참임을 이해하기에, 그는 만족하여 쉰다. 그는 오늘, 그리고 매일 자신의 역할이 무엇인지에 대해 모두 들을 것이다. 그와 그 역할을 공유하는 자들은 그날의 레슨을 함께 배울 수 있도록 그를 찾아낼 것이다. 그에게 필요한 단 한 사람도 빠지지 않는다; 이미 정해진 배움의 목표 없이, 바로 그날 이룰 수 있는 목표 없이 그에게 보내지는 자는 단 한 사람도 없다. 그렇다면 하느님의 상급 교사에게 이런 질문은 쓸데없다. 그 질문은 이미 물어서 답을 받았으며, 그는 참된 **응답**과의 지속적인 접촉 상태에 있다. 그는 준비되어 있고, 자신이 걷는 길이 눈앞에 확실하고도 평탄하게 펼쳐져있는 것을 본다.

2 하지만 아직 스스로 확실성에 도달하지 못한 자는 어떻게 해야 하나? 그는 아직 자신의 역할을 그렇게 구조 없이 수행할 준비가 되지 않았다. 하루를 하느님께 드리는 법을 배우려면 그는 무엇을 해야 하는가? 여기에 적용되는 몇 가지 일반적인 규칙이 있다. 비록 각자는 그 규칙을 자신만의 방법으로 최선을 다해 사용해야 하지만 말이다. 이렇게 정례화 된 일과는 위험한데, 그것은 쉽게 자체 동력을 가지고 신(gods)이 되어, 그 규칙이 정해진 이유인 바로 그 목표를 위협할 수 있기 때문이다. 그렇다면 대체로 보아, 하루를 바르게 시작하는 것이 좋다고 말할 수 있다. 하루를 잘못 시작했다면 언제나 다시 시작할 수 있기는 하지만, 그럴 필요를 피할 수 있다면 시간 절약이라는 면에서 명백한 이점이 있다.

3 처음에는 시간이라는 면에서 생각하는 것이 지혜롭다. 이것은 절대로 궁극적인 기준은 아니지만, 처음 시작할 때는 이것이 아마도 가장 따르기 쉬울 것이다. 시간 절약은 초기의 중요한 강조점이다. 그것은 비록 배움의 전 과정을 통해 계속 중요하긴 하지만, 점점 덜 강조된다. 처음 시작할 때는, 하루를 바르게 시작하는 데 바친 시간은 시간을 정말로 절약해 준다고 말해도 무방할 것이다. 얼마나 많은 시간을 그렇게 보내야 하는가? 이것은 하느님의 교사 자신에게 달린 문제일 것이다. 그는 워크북 레슨을 마칠 때까지는 하느님의 교사라는 호칭을 주장할 수 없으니, 우리는 우리 수업의 틀 안에서 배우고 있기 때문이다. 워크북에 있는 보다 구조화된 실습 기간을 마친 후에는, 개인적인 필요가 가장 중요한 고려사항이 된다.

4 이 수업은 언제나 실용적이다. 하느님의 교사가 깨어날 때 조용히 생각할

시간을 보내는데 도움이 되지 않는 상황에 있을 수도 있다. 이런 경우, 하느님과 함께 시간을 보내겠다는 선택을 되도록 빨리 할 것을 기억하고, 그것을 실행에 옮겨라. 얼마나 오래 그런 시간을 보내느냐는 주된 관심사가 아니다. 한 시간을 눈감고 고요히 앉아 있으면서 아무것도 이루지 못하는 경우가 흔하다. 단한 순간만 하느님께 드리더라도 그 순간 하느님과 완벽하게 결합하는 것도 마찬가지로 흔하다. 여기서 일반화할 수 있는 것이 있다면 다음과 같다 – 일어난 후 되도록 빨리 고요한 시간을 갖고, 그것이 힘들다고 느끼기 시작한 후 1, 2분정도를 더 계속하라. 그러면 점점 덜 힘들어지다가 괜찮아지는 것을 발견할 것이다. 그렇지 않다면, 그때가 멈출 때다.

5 똑같은 과정을 밤에도 반복하라. 자기 직전에 고요한 시간을 보내기가 여의치 않다면 아마도 꽤 이른 저녁 시간에 보내야 할 것이다. 그 때 눕는 것은 지혜롭지 못하다. 네가 좋아하는 어떤 자세로든 앉아서 하는 것이 더 좋다. 너는 워크북을 다 마쳤으므로, 이 점에 관해 어떤 결론에 도달했을 것이다. 하지만 되도록 자기 직전의 시간을 하느님께 드리는 것이 바람직하다. 그것은 너의 마음을 휴식 패턴에 고정시키고, 너를 두려움에서 멀어지는 방향에 맞춰준다. 이런 시간을 일찍 갖는 것이 편리하다면, 최소한 눈을 감고 하느님에 대해 생각하는 짧은 시간을 갖는 것을 잊지 말라. 더도 말고 한 순간이면 족할 것이다.

6 하루 종일 기억해야 할 생각이 특별히 하나 있다. 그것은 순수한 기쁨의 생각, 평화의 생각, 무한한 해방의 생각이다. 그 생각은 그 안에서 모든 것이 자유로워지기에, 무한하다. 너는 자신을 위한 안전한 장소를 만들었다고 생각한다. 너는 꿈에 보는 온갖 두려운 것에서 너를 구해줄 어떤 권력을 만들었다고

생각한다. 그렇지 않다. 너의 안전은 거기에 있지 않다. 네가 포기하는 것은 단지 환상들을 보호한다는 환상뿐이다. 네가 두려워하는 것은 단지 이것뿐이다. 무(nothing)를 그렇게도 두려워하는 것은 얼마나 어리석은지! 전혀 아무것도 아니다(Nothing at all!)! 너의 방어수단들은 효과가 없겠지만, 너는 위험하지 않다. 너는 그것들이 필요 없다. 이를 인식하라, 그러면 방어수단들은 사라질 것이다. 그때서야 너는 너의 진정한 보호를 받아들일 것이다.

7 하느님의 보호를 받아들인 하느님의 교사에게 하루가 얼마나 단순하고도 얼마나 편안하게 지나가는지! 그가 전에 안전이라는 이름으로 행한 온갖 것은 더 이상 흥미를 끌지 못한다. 왜냐하면 그는 안전하며, 그의 하루가 그럴 것임을 알기 때문이다. 그에게는 실패하지 않을 **안내자**가 있다. 그는 자신이 지각하는 문제들을 구분할 필요가 없으니, 그가 모든 문제를 맡기는 이는 그 문제들을 해결할 때 난이도를 전혀 인식하지 않기 때문이다. 그가 마음에 환상을 받아들이기 전에 안전했고, 환상을 내려놓았을 때 안전할 것이듯, 그는 현재 안전하다. 그가 다른 시간과 다른 장소에 있더라도 그의 상태는 다르지 않다. 왜냐하면 하느님께는 그 모든 것이 같기 때문이다. 이것이 그의 안전이다. 그에겐 이 이상 아무것도 필요 없다.

8 하지만 하느님의 교사가 아직 여행해야 할 길을 따라갈 때 유혹이 있을 것이며, 그는 온종일 자신이 보호받고 있음을 상기할 필요가 있다. 특히 그의 마음이 밖에 있는 것에 사로잡혀 있을 때, 어떻게 하면 그렇게 할 수 있겠는가? 그는 다만 노력할 수 있을 뿐이며, 그의 성공은 자신이 성공할 것이라는 확신에

달려있다. 그는 성공은 그에게서 나오는 것은 아니지만, 그가 청하기만 하면 어떤 장소와 상황에서든 언제라도 주어질 것임을 확신해야 한다. 때로 그의 확신이 흔들릴 것이며, 이것이 일어나는 순간 그는 전처럼 자신만 신뢰하려고 할 것이다. 이것은 마법이며, 마법은 진정한 도움에 대한 형편없는 대체품임을 잊지마라. 마법은 하느님의 아들에게 어울리지 않기에, 하느님의 교사에게 어울릴만큼 충분히 좋지 않다.

9 마법을 피하는 것은 곧 유혹을 피하는 것이다. 왜냐하면 모든 유혹은 다만 하느님의 뜻을 다른 뜻으로 대체하려는 시도에 불과하기 때문이다. 이런 시도는 과연 무섭게 보일 수는 있지만, 그저 안쓰러울 뿐이다. 그런 시도는 좋거나 나쁜, 득이 되거나 희생을 요구하는, 치유하거나 파괴하는, 진정시키거나 무섭게 하는 어떤 결과도 낳을 수 없다. 모든 마법을 그저 무로 인식할 때, 하느님의 교사는 최상급 상태에 도달한 것이다. 중간에 있는 모든 레슨은 다만 이 상태로 이끌어, 이 목표를 인식할 때를 앞당겨줄 뿐이다. 왜냐하면 마법은 어떤 종류이든, 어떤 형식을 취하든, 그야말로 아무것도 하지 않기 때문이다. 마법의 무력함이야말로 마법에서 그렇게 쉽게 벗어날 수 있는 이유다. 어떤 결과도 없는 것은 결코 무섭게 할 수 없다.

10 하느님의 **뜻**을 대체할 수 있는 것은 아무것도 없다. 단순히 말하자면, 바로 이 사실에 하느님의 교사는 자신의 하루를 바쳐야 한다. 그가 실재한다고 받아들일 수도 있는 각각의 대체품은 단지 그를 속일 수 있을 뿐이다. 그러나 자신이 모든 속임수로부터 안전하다고 결정한다면, 그는 안전하다. 어쩌면 "하

느님이 나와 함께 계신다. 나는 속을 수 없다."라는 사실을 기억할 필요가 있을 것이다. 어쩌면 그는 다른 말을 사용하는 것을 더 좋아할 수도 있고, 한 단어만 사용하거나 말을 전혀 사용하지 않을 수도 있다. 하지만 마법을 참이라고 받아들이려는 유혹을 받을 때마다, 마법은 무섭지도 죄스럽지도 위험하지도 않고, 단지 무의미할 뿐임을 인식함으로써 모두 포기해야 한다. 마법은 한 잘못의 두 측면에 불과한 희생과 분리에 뿌리를 두고 있을 뿐이므로, 그는 결코 가진 적이 없는 것을 모두 포기하기로 선택할 뿐이다. 이 "희생"에 대한 대가로 천국이 그의 의식에 회복된다.

　　11 이것이 바로 네가 원하는 교환이 아닌가? 이런 교환이 가능하다는 것을 세상이 안다면, 세상도 기꺼이 그렇게 할 것이다. 세상에게 그렇게 할 수 있다고 가르쳐야 하는 자가 바로 하느님의 교사다. 따라서 그의 기능은 그것을 미리 배워두도록 확실히 하는 것이다. 마법을 신뢰하는 것을 제외하고는 하루 종일 어떤 위험도 가능하지 않으니, 마법을 신뢰하는 것만이 고통을 야기하기 때문이다. "오로지 하느님의 **뜻**밖에 없다." 하느님의 교사들은 이것이 그러함을 알며, 그밖에 모든 것은 마법임을 배웠다. 마법에 대한 모든 믿음은, 마법이 효과가 있다는 순진한 환상 하나 때문에 유지된다. 하느님의 교사는 훈련받는 동안 내내 매일 매시간, 심지어 매분 매초 마법의 형식을 인식하고 그 무의미함을 지각하는 법을 배워야 한다. 마법에서 두려움이 거두어지고, 따라서 마법은 사라진다. 이와 같이 천국 문이 다시 열리고, 천국의 빛이 흔들림 없는 마음을 다시 비출 수 있다.

17. 하느님의 교사는 학생의 마법 생각을 어떻게 다루는가?

1 이것은 교사와 학생 모두에게 아주 중요한 질문이다. 이 사안을 잘못 다룬다면, 교사는 자신을 해치는 것은 물론 학생도 공격한 것이다. 이것은 두려움을 강화시키고, 두 사람 모두에게 마법을 아주 실재적으로 보이게 만든다. 따라서 마법을 다루는 법은 하느님의 교사가 잘 익혀두어야 할 주된 레슨이 된다. 이 점에서 그의 첫 번째 책무는 마법을 공격하지 않는 것이다. 하느님의 교사가 마법 생각에 어떤 식으로든 분노한다면, 그는 죄가 존재한다는 자신의 믿음을 강화하고 있는 것이며, 또한 자신을 이미 정죄한 것이라고 생각해도 틀림없다. 그는 또한 자신에게 우울, 고통, 두려움, 재앙을 달라고 청했다고 생각해도 틀림없다. 그러니 하느님의 교사로 하여금, 이것은 그가 배우려는 것이 아니므로 그가 가르치려는 것도 아님을 기억하게 하라.

2 하지만 마법에 마법을 강화하는 방식으로 반응하려는 유혹이 있다. 또한

이것이 항상 분명하게 드러나는 것도 아니다. 사실 그것은 도우려는 소망 아래에 쉽사리 은폐될 수 있다. 이러한 이중의 소망이야말로 도움을 별 가치 없게 만드는 것이며, 원치 않는 결과로 이끌 수밖에 없다. 또한 그런 결과는 항상 교사와 학생 모두에게 발생할 것이란 점을 잊어서도 안 된다. 그동안 너는 다만 너 자신에게 줄 뿐임을 몇 번이나 강조했는가? 그의 도움이 필요한 자들에게 교사가 주는 그런 종류의 도움보다 무엇이 이를 더 잘 보여줄 수 있겠는가? 여기서 교사가 주는 선물은 가장 분명하게 교사에게 주어진다. 왜냐하면 그는 오로지 자기 자신을 위해 선택한 것만을 줄 것이기 때문이다. 이런 선물에는 하느님의 거룩한 아들에 대한 그의 판단이 들어있다.

3 잘못은 잘못이 가장 분명히 드러난 곳에서 교정되게 하는 것이 가장 쉬우며, 잘못은 그 결과를 보고 알아볼 수 있다. 제대로 가르친 레슨 하나는 하나의 의도를 공유한 교사와 학생을 해방으로만 이끌 수 있다. 분리된 목표라는 지각이 들어온 경우에만, 공격이 들어올 수 있다. 결과가 기쁨이 아닌 다른 어떤 것이라면, 정녕 이런 경우임에 틀림없다. 교사의 유일한 목적은 학생의 갈라진 목표를 한 방향으로 돌려주어, 도움의 요청이 학생의 유일한 호소가 되게 한다. 이제 이것은 단 하나의 답으로 수월하게 응답받으며, 그 답은 교사의 마음으로 영락없이 들어갈 것이다. 그곳으로부터 그 답은 학생의 마음속을 비추어, 그의 마음을 교사의 마음과 하나가 되게 한다.

4 어쩌면 사실에는 아무도 분노할 수 없음을 기억하는 것이 도움이 될 것이다. 부정적인 감정을 일으키는 것은 언제나 해석이다. 이것은 사실처럼 보이는 것에 의해 부정적인 감정이 정당화되는 것처럼 보여도 상관없고, 불러일으켜지

는 분노가 아무리 강렬해도 상관없다. 그것은 어쩌면 너무 약해서 분명하게 인식되지도 않는 아주 약한 짜증일 수 있다. 혹은, 상상된 것이든 명백하게 행위로 옮겨진 것이든, 폭력적인 생각을 동반하는 강렬한 분노의 형식을 취할 수도 있다. 그것은 상관이 없다. 그 모든 반응은 다 같다. 그런 반응들은 진리를 가리며, 이것은 결코 정도의 문제일 수 없다. 진리는 분명히 드러나든지 드러나지 않든지 둘 중 하나다. 진리는 부분적으로 인식될 수 없다. 진리를 알아차리지 못하는 자는 환상을 바라볼 수밖에 없다.

5 지각된 마법 생각에 대한 반응으로 일어나는 분노가 두려움의 근본적인 원인이다. 이런 반응이 무엇을 의미하는지 숙고해보라. 그러면 그것이 세상의 사고체계에서 중심적인 역할을 한다는 것이 분명해질 것이다. 마법 생각은 단지 그 존재만으로도, 하느님에게서 분리되었음을 인정한다. 마법 생각은, 마법을 생각하는 마음이 하느님의 **뜻**을 거스르고 그런 시도에 성공할 수 있는 분리된 뜻을 가졌다고 믿고 있음을 가장 분명한 형식으로 말해준다. 이것이 도무지 사실일 수 없다는 것은 명백하다. 하지만 이것을 사실로 믿을 수 있다는 것도 확실히 명백하다. 바로 이곳이 죄의식의 출생지다. 하느님의 자리를 찬탈하여 스스로 차지한 자는 이제 불구대천의 "적"을 갖게 되었다. 그는 자신을 홀로 보호해야 하며, 결코 누그러지지 않을 격분과 결코 만족시킬 수 없는 복수로부터 자신을 안전하게 지키기 위해 스스로 방패가 되어야 한다.

6 이 불공평한 전쟁을 어떻게 해결할 수 있겠는가? 그 전쟁의 끝은 불가피하니, 그 결과는 죽음일 수밖에 없기 때문이다. 그렇다면 사람이 어떻게 자신의 방어수단을 믿을 수 있겠는가? 마법이 다시 도와야 한다. 전쟁을 잊어라. 전쟁

을 일단 사실로 받아들인 후, 잊어라. 너와 맞선 불가능한 상대를 기억하지 마라. 그 "적"이 얼마나 엄청난지 기억하지 말고, 그에 비해 네가 얼마나 허약한지 생각하지 마라. 너의 분리를 받아들여라, 하지만 분리가 어떻게 일어났는지는 기억하지 마라. 네가 분리를 획득했다고 믿어라, 하지만 너의 대단한 "적"이 실제로 누구인지에 대한 아주 희미한 기억조차도 간직하지 마라. 너의 "망각"을 하느님께 투사함으로써, 너는 하느님도 잊으셨다고 느낀다.

7 하지만 너는 이제 그 모든 마법 생각에 어떻게 반응할 것인가? 마법 생각은 단지 네가 놓아주지 않고 숨겨둔 잠든 죄의식을 되살려낼 수 있을 뿐이다. 각각의 마법 생각은 너의 겁먹은 마음에게, "너는 하느님의 자리를 찬탈했어. 하느님이 잊으셨다고 생각하지 마."라고 분명하게 말해준다. 여기서 우리는 하느님에 대한 두려움이 가장 적나라하게 나타나 있는 것을 본다. 왜냐하면 그런 생각으로, 죄의식은 광기를 이미 하느님의 왕좌에 올려놓았기 때문이다. 이제 죽이는 것 말고는 희망이 없다. 이제 여기에 구원이 있다. 분노한 아버지가 죄 지은 아들을 뒤쫓으신다. 죽이느냐 죽느냐만 있으니, 선택은 이것뿐이기 때문이다. 이것 말고 다른 선택은 없으니, 이미 행해진 것은 무효화될 수 없기 때문이다. 핏자국은 결코 지울 수 없고, 이 핏자국을 묻힌 자는 죽임을 당해야 한다.

8 이 절망적인 상황 속으로 하느님이 당신의 교사들을 보내신다. 그들은 하느님에게서 희망의 빛을 가져온다. 탈출이 가능한 길이 하나 있다. 그것을 배우고 가르칠 수 있기는 하지만, 그러려면 인내와 풍부한 용의가 필요하다. 그런

인내와 용의가 있다면, 그 레슨의 명백한 단순성은 마치 검은 지평선을 배경으로 빛나는 강렬한 흰 빛줄기처럼 분명히 드러날 것이다. 왜냐하면 그것은 본래 그러하기 때문이다. 분노는 사실이 아니라 해석에서 일어난다면, 분노엔 결코 정당한 근거가 없다. 일단 이것을 어렴풋하게라도 이해하면, 길이 열린다. 이제 다음 단계를 밟는 것이 가능하다. 마침내 해석이 바뀔 수 있다. 마법 생각은 정죄로 이어질 필요가 없으니, 그것엔 실제로 죄의식을 일으킬 힘이 없기 때문이다. 따라서 마법 생각은 간과될 수 있고, 그리하여 가장 진정한 의미에서 잊힐 수 있다.

9 광기는 그저 무시무시하게 보일 뿐이다. 사실 그것은 아무것도 만들어낼 힘이 없다. 광기의 하인으로 제격인 마법처럼, 광기는 공격도 보호도 하지 않는다. 광기를 보면서 그 사고체계를 인식하는 것은 무(nothing)를 바라보는 것이다. 무가 분노를 일으킬 수 있는가? 도무지 그럴 수 없다. 그렇다면, 하느님의 교사여, 분노는 존재하지도 않는 어떤 실재를 인식한다는 것을 기억하라. 하지만 분노는 네가 그것을 사실로 믿고 있다는 확실한 증거다. 이제 네가 바깥 세상에 투사한 너 자신의 해석에 반응했다는 것을 알 때까지, 탈출은 불가능하다. 이제 이 잔혹한 칼이 네 손에서 거두어지게 하라. 죽음은 없다. 그 칼은 존재하지 않는다. 하느님에 대한 두려움은 원인이 없다. 그러나 하느님의 사랑은 모든 두려움 너머에 있는, 따라서 영원히 실재하고 영원히 참인 모든 것의 **원인**이다.

18. 교정은 어떻게 이루어지는가?

1 영구적인 교정만이 진정한 교정이며, 이것은 하느님의 교사가 사실을 해석과, 혹은 환상을 진리와 혼동하기를 멈출 때까지 이루어질 수 없다. 그가 어떤 마법 생각에 대해 학생과 논쟁하고, 그것을 공격하고, 그 잘못을 입증하려 하거나 그 허위성을 보여주려 한다면, 그는 단지 마법 생각의 실재성에 대해 증언하고 있을 뿐이다. 그러면 우울함을 피할 수 없다. 왜냐하면 그는 학생과 자신의 과제는 실재하는 것에서 벗어나는 것임을 학생은 물론 자신에게도 "증명한" 것이기 때문이다. 그러나 이것은 불가능할 뿐이다. 실재는 변함없다. 마법 생각은 단지 환상에 불과하다. 그렇지 않다면 구원은 그저 마찬가지로 해묵고 불가능한 꿈의 다른 형식에 지나지 않을 것이다. 하지만 구원의 꿈엔 새로운 내용이 있다. 형식만 다른 것이 아니다.

2 하느님의 교사의 주된 레슨은 마법 생각에 전혀 분노 없이 반응하는 법을

배우는 것이다. 그는 자신에 대한 진리를 오로지 이런 식으로만 선포할 수 있다. 이제 그를 통해, 성령은 하느님의 아들의 실재에 대해 말할 수 있다. 이제 성령은 세상에게 하느님이 창조하신 모든 것의 변하지 않았고 변할 수 없는 유일한 상태인 죄 없음에 대해 상기시켜줄 수 있다. 이제 성령은 귀 기울이는 귀에게 하느님의 **말씀**을 전할 수 있고, 보는 눈에게 그리스도의 비전을 가져다 줄 수 있다. 이제 성령은 모든 마음에게 그들의 정체의 진리에 대해 자유로이 가르칠 수 있고, 따라서 그들은 기뻐하며 성령에게 돌아올 것이다. 그리고 이제 죄의식은 성령의 눈길과 하느님의 **말씀** 안에서 완벽하게 간과되어, 용서받는다.

3 분노는 그저 "죄는 실재다."라고 비명 지를 뿐이다. 이런 정신 나간 믿음이 하느님의 **말씀**의 대체물로 받아들여질 때, 실재는 완전히 가려진다. 이제 몸의 눈이 "본다." 그리고 몸의 귀만이 듣는다고 여겨진다. 몸의 좁은 공간과 가냘픈 호흡이 실재의 척도가 된다. 그리고 진리는 아주 작디작고 무의미하게 된다. 교정은 이 모든 것과 그 위에 서 있는 세상에게 단 하나의 답을 가지고 있다:

4 너는 해석을 진리라고 생각하는 실수를 하고 있을 뿐이다. 네가 틀렸다. 그러나 실수는 죄가 아니고, 네 실수 때문에 실재가 왕좌에서 쫓겨나지도 않았다. 하느님은 영원히 통치하시며, 하느님의 법칙만이 너와 세상을 설복시킨다. 하느님의 사랑은 여전히 존재하는 유일한 것이다. 두려움은 환상이니, 너는 하느님을 닮았기 때문이다.

5 그러므로 하느님의 교사가 치유하려면, 자신의 모든 잘못이 교정되도록 허용하는 것이 아주 중요하다. 하느님의 교사가 누군가에게 반응할 때 자신 안에서 아주 약한 짜증이라도 감지한다면, 자신이 이미 참이 아닌 해석을 해버렸음을 즉시 깨달아야 한다. 그리고는 내면으로 돌아서서 그의 **영원한 안내자**에게 의지하고, 어떻게 반응해야 할지에 대해 그 **안내자**가 판단하게 해야 한다. 이렇게 그가 치유되며, 그가 치유됨으로써 그의 학생도 더불어 치유된다. 하느님의 교사의 유일한 책임은 스스로 속죄를 받아들이는 것이다. 속죄는 교정, 즉 잘못의 무효화를 의미한다. 이것이 성취되었을 때, 하느님의 교사는 정의상 기적일꾼이 된다. 그의 죄가 용서되었고, 그는 더 이상 자신을 정죄하지 않는다. 그러니 그가 어떻게 누군들 정죄할 수 있겠는가? 그의 용서가 치유할 수 없는 자가 과연 누가 있겠는가?

19. 정의란 무엇인가?

1　정의는 불의(injustice)에 대한 신성한 교정이다. 불의는 세상의 모든 판단의 기반이다. 정의는 불의가 낳는 해석들을 교정하여 상쇄한다. 천국에는 정의도 불의도 존재하지 않으니, 그곳에서 잘못은 불가능하고 교정은 무의미하기 때문이다. 하지만 이 세상에서, 모든 공격은 그저 불의할 수밖에 없는 까닭에 용서는 정의에 의존한다. 정의는 성령이 세상에 내리는 판결이다. 성령의 판단이 아니라면 정의는 불가능하니, 이 세상 그 누구도 오로지 정의로운 해석만 하고 모든 불의는 제쳐둘 수 없기 때문이다. 하느님의 아들이 공평하게 판단 받는다면, 구원의 필요성은 없을 것이다. 분리의 생각은 영원히 상상조차 못했을 것이다.

2　정의는 그 반대인 불의처럼 하나의 해석이다. 하지만 정의는 진리로 인도하는 유일한 해석이다. 이것이 가능한 이유는, 정의는 그 자체로 진리가 아니기

는 하지만 정의에는 진리와 대립되는 것이 아무것도 들어있지 않기 때문이다. 정의와 진리 사이에는 내재하는 갈등이 전혀 없다; 정의는 다만 진리를 향해 처음으로 작게 내딛는 발걸음일 뿐이다. 계속 걸어감에 따라 길은 아주 달라진다. 또한 여행을 계속함에 따라 만나게 되는 그 모든 장엄한 아름다움과 대단한 풍경, 엄청나게 탁 트인 전망에 대해 출발할 때 미리 말해줄 수도 없다. 하지만 이것들조차, 네가 나아감에 따라 그 화려함이 형언하기 어려울 만큼 극치에 달하는 것들조차, 길이 그치고 더불어 시간이 끝날 때 너를 기다리는 그 모든 것에 비해 한참 못 미친다. 그러나 어디에선가 출발은 해야 한다. 정의가 그 출발점이다.

3 네 형제들과 너 자신에 대한 모든 개념, 미래의 상태에 대한 모든 두려움, 과거에 대한 모든 근심은 불의에 기인한다. 여기에 몸의 눈앞에 걸려있는 렌즈가 있다. 그 렌즈는 지각을 왜곡시켜서, 그 렌즈를 만들어서 아주 소중히 여기는 마음에게 왜곡된 세상에 대한 증거를 다시 가져다준다. 세상의 모든 개념은 단지 이런 식으로 선택적이고도 제멋대로 만들어진다. 이렇게 용의주도한 선택성으로 인해 "죄"가 지각되고 정당화되며, 온전성에 대한 모든 생각이 상실될 수밖에 없다. 이런 책략 안에는 용서가 있을 자리가 없으니, 영원히 참이라고 보이지 않는 "죄"는 단 하나도 없기 때문이다.

4 구원은 하느님의 정의다. 구원은 네가 쪼개지고 분리되어 있다고 지각하는 조각들의 온전성을 네 의식에 회복시켜준다. 바로 이것이야말로 죽음에 대한 두려움을 극복한다. 분리된 조각들은 썩고 죽을 수밖에 없지만, 온전성은 불

멸이기 때문이다. 온전성은 자신의 창조주와 하나이기에, 영원무궁토록 그를 닮아있다. 하느님의 심판(Judgment)이 하느님의 정의다. 너는 이렇게 정죄가 전혀 없는 심판, 전적으로 사랑에 근거한 평가에 너의 불의를 투사해서, 네가 눈앞에 놓고 보는 일그러진 지각의 렌즈를 하느님 탓으로 돌렸다. 이제 그 렌즈는 네 것이 아니라 하느님 것이다. 너는 하느님을 두려워하면서, 너의 **자아**를 적으로서 증오하고 두려워한다는 것을 보지 못한다.

5 하느님의 정의를 위해 기도하고, 그의 자비를 너의 정신이상과 혼동하지 말라. 지각은 마음이 보고 싶어 하는 그림이라면 무엇이든 만들어낼 수 있다. 이 사실을 기억하라. 네가 선택하기에 따라 이 사실에 천국 혹은 지옥이 들어있다. 하느님의 정의가 천국을 가리키는 이유는 단지, 그것이 전혀 편파적이지 않기 때문이다. 하느님의 정의는 그 앞에 제출된 모든 증거를 하나도 **빠트리지** 않고 받아들이며, 아무것도 분리되어서 나머지 모두로부터 떨어져 있다고 평가하지 않는다. 하느님의 정의는 오로지 이 유일한 관점에서만 판단한다. 여기에서 모든 공격과 정죄는 무의미하고 옹호할 수 없게 된다. 지각은 쉬고, 마음은 고요하며, 빛이 다시 돌아온다. 이제 비전이 회복되었다. 이제 잃었던 것을 다시 찾았다. 하느님의 평화가 온 세상에 강림하고, 우리는 볼 수 있다. 우리는 볼 수 있다!

20. 하느님의 평화는 무엇인가?

1 이 세상의 것이 아닌 어떤 종류의 평화가 있다고 말한 적이 있다. 그런 평화를 어떻게 인식하는가? 그것을 어떻게 찾는가? 찾은 후에는 어떻게 유지하는가? 이 질문들을 따로따로 고찰해보자. 왜냐하면 각각의 질문은 길을 걸어가며 밟는 다른 단계를 반영하기 때문이다.

2 먼저, 하느님의 평화를 어떻게 인식할 수 있는가? 하느님의 평화는 처음에는, 모든 면에서 이전의 모든 경험과 완전히 다른 단 한 가지를 통해 인식하게 된다. 그것은 전에 있던 것은 아무것도 마음에 불러일으키지 않는다. 그것은 과거를 연상시키는 것은 아무것도 가져오지 않는다. 그것은 완전히 새로운 것이다. 그렇다, 그것과 그 모든 과거 사이에는 뚜렷한 대비가 있다. 그러나 이상하게도 그것은 진짜 다른 점들에 의한 대비가 아니다. 과거는 그저 슬그머니 사라져버리고, 그 자리에 영원히 계속되는 고요함이 있다. 오로지 그것뿐이다. 처

음에 지각된 대비는 그저 사라져버렸다. 고요함이 다가와 모든 것을 덮어버렸다.

3 이러한 고요함을 어떻게 찾는가? 고요함의 조건을 찾아내려는 자는 그 누구도 고요함을 찾지 못할 수 없다. 하느님의 평화는 분노가 있는 곳에는 결코 올 수 없으니, 분노는 평화가 존재한다는 사실을 부정할 수밖에 없기 때문이다. 어떤 식으로든 어떤 상황에서든 분노가 정당하다고 보는 자는 평화가 무의미하다고 선포하고, 평화는 존재할 수 없다고 믿고 있음에 틀림없다. 이런 조건에서는 평화를 찾을 수 없다. 그러므로 용서는 하느님의 평화를 찾기 위한 필요조건이다. 더 나아가, 용서가 있으면 반드시 평화가 있게 마련이다. 왜냐하면, 공격이 아닌 그 무엇이 전쟁으로 이어지겠는가? 그리고 평화 말고 무엇이 전쟁의 반대인가? 여기서 처음의 대비가 뚜렷하고 명백하게 드러난다. 하지만 평화를 찾으면 전쟁은 무의미하다. 이제 갈등이야말로 존재하지도 실재하지도 않는다고 지각된다.

4 일단 하느님의 평화를 찾았으면, 그것을 어떻게 유지하는가? 어떤 형식으로든 분노가 돌아오면 다시 한 번 무거운 커튼이 드리우고, 평화가 존재할 수 없다는 믿음도 분명히 돌아올 것이다. 전쟁이 다시 유일한 실재로 받아들여진다. 이제 너는 다시 한 번 칼을 내려놓아야 한다. 비록 네가 이미 칼을 다시 집어 들었음을 알아차리지 못할 수도 있지만 말이다. 그러나 이제 네가 아주 어렴풋하게라도 칼 없이 어떤 행복을 누렸는지 기억함에 따라, 너를 방어하려고 칼을 다시 집어 들었음을 배울 것이다. 이제 잠시 멈춰 다음에 대해 생각해 보라: 갈등이 과연 네가 원하는 것인가, 아니면 하느님의 평화가 더 나은 선택인가?

어느 것이 네게 더 많이 주는가? 평온한 마음은 작은 선물이 아니다. 죽겠다고 택하느니 차라리 살지 않으려는가?

5 삶은 기쁨이다. 그러나 죽음은 울 수만 있다. 너는 네가 만든 것에서 벗어날 탈출구를 죽음에서 본다. 하지만 너는 네가 죽음을 만들었고 죽음은 단지 끝의 환상일 뿐임을 보지 못한다. 죽음은 탈출일 수 없으니, 생명은 문제가 놓여 있는 곳이 아니기 때문이다. **생명**에는 반대되는 것이 없으니, **생명**은 하느님이기 때문이다. **생명**과 죽음이 서로 반대되는 것처럼 보이는 이유는, 네가 죽음이 생명을 끝낸다고 결정했기 때문이다. 세상을 용서하라, 그러면 너는 하느님이 창조하신 모든 것엔 끝이 있을 수 없으며, 하느님이 창조하시지 않은 것은 아무것도 실재하지 않음을 이해할 것이다. 이 한 문장 안에서, 우리의 수업이 설명된다. 이 한 문장 안에서, 우리의 실습이 나아갈 유일한 방향이 주어진다. 이 한 문장 안에서, 성령의 커리큘럼 전체가 정확하게 있는 그대로 명시된다.

6 하느님의 평화는 무엇인가? 하느님의 **뜻**에는 전혀 반대되는 것이 없다는 단순한 이해, 이 이상 아무것도 아니다. 하느님의 **뜻**에 상반되면서 참일 수 있는 생각은 없다. 하느님의 **뜻**과 너의 뜻 사이의 대비는 그저 실재처럼 보였을 뿐이다. 하느님의 **뜻**은 곧 너의 뜻이므로, 사실 갈등은 없다. 이제 하느님의 막강한 **뜻**은 하느님이 네게 주시는 선물이다. 하느님은 그 **뜻**을 혼자 간직하려 하지 않으신다. 너는 왜 하느님과 떨어져서 너의 작디작고 덧없는 상상물들을 간직하려 하는가? 하느님의 **뜻**은 하나이고, 존재하는 모든 것이다. 이것은 네가 받은 유산이다. 해와 별 너머의 우주와 네가 상상할 수 있는 그 모든 생각은 본

래 네 것이다. 하느님의 평화는 하느님의 **뜻**을 위한 조건이다. 하느님의 평화를 얻어라, 그러면 너는 하느님을 기억하게 된다.

21. 말은 치유에서 어떤 역할을 하는가?

1 엄밀히 말하자면, 말은 치유에서 어떤 역할도 하지 않는다. 치유를 유발하는 요인은 기도 혹은 요청이다. 너는 네가 요청하는 것을 받는다. 하지만 이것은 기도할 때 사용하는 말이 아니라, 가슴의 기도를 가리키는 것이다. 말과 기도는 때로는 상반되고, 때로는 일치한다. 이것은 중요하지 않다. 하느님은 말을 이해하지 못하시니, 말은 분리된 마음들이 자신을 계속 분리의 환상 속에 가둬두려고 만든 것이기 때문이다. 말은, 특히 초심자가 집중하도록 돕고 관련 없는 생각을 수월하게 차단하거나 최소한 통제하는데 도움이 될 수 있다. 하지만 말은 단지 상징의 상징에 지나지 않음을 잊지 말자. 그러니 말은 실재로부터 두 번 벗어나 있다.

2 상징으로서의 말에는 아주 구체적인 언급 대상이 있다. 말이 아주 추상적으로 보일 때조차 마음에 들어오는 그림은 아주 구체적이기 쉽다. 어떤 구체적

인 언급 대상이 말과 함께 마음에 떠오르지 않는 한, 말은 실용적인 의미가 거의 없거나 전혀 없고, 따라서 치유 과정을 도울 수 없다. 가슴의 기도는 실제로 구체적인 대상을 달라고 요청하지 않는다. 가슴의 기도는 언제나 어떤 종류의 경험을 요청하며, 구체적인 대상은 다만 요청하는 자가 판단할 때 자신이 원하는 경험을 가져다주는 어떤 것이다. 그렇다면 말은 요청하는 어떤 대상을 상징하지만, 그 대상 자체는 단지 바라는 경험을 나타낼 뿐이다.

3   이 세상의 것을 달라는 기도는 이 세상의 경험을 가져다 줄 것이다. 가슴의 기도가 그런 것을 요청한다면, 그런 것이 받아질 것이므로 그런 것이 주어질 것이다. 요청하는 자가 지각하기에, 가슴의 기도가 응답 없이 남아있는 것은 불가능하다. 그가 불가능한 것을 요청한다면, 그가 존재하지 않는 것을 원하거나 내심으로 환상을 구한다면, 그 모든 것이 그의 것이 된다. 그의 결정하는 힘이 그가 요청하는 대로 그것을 그에게 제공한다. 여기에 지옥과 천국이 놓여있다. 하느님의 잠든 아들은 자신에게 단지 이 힘만 남아있게 했다. 이것으로 충분하다. 그의 말은 중요하지 않다. 오로지 하느님의 **말씀**만이 의미가 있으니, 그것은 인간의 상징이 전혀 없는 어떤 것을 상징하기 때문이다. 오로지 성령만이 그 **말씀**이 나타내는 것을 이해한다. 그리고 이것으로 또한 충분하다.

4   그렇다면 하느님의 교사는 가르칠 때 말의 사용을 피해야 하는가? 정녕 아니다. 아직 침묵 속에서 들을 수 없어서 말을 통해 다가가야 하는 이들이 많다. 하지만 하느님의 교사는 말을 새로운 방식으로 사용하는 법을 배워야 한다. 서서히 그는 무엇을 말할지 스스로 결정하지 않음으로써, 그가 할 말이 그를 위해

선택되게 하는 법을 배운다. 이런 과정은 단지 "나는 뒤로 물러나 그가 길을 인도하시게 하겠다."라는 워크북 레슨의 특별한 경우에 지나지 않는다. 하느님의 교사는 그에게 제공되는 말을 받아들이고, 받는 대로 준다. 그는 자신의 말의 방향을 통제하지 않는다. 그는 귀 기울이고, 듣고, 말한다.

  5 배움의 이런 측면에서 주된 방해 요소는, 하느님의 교사가 자신이 듣는 것이 과연 타당한지 두려워하는 것이다. 그가 듣는 내용은 과연 깜짝 놀랄만한 것일 수도 있다. 그것은 그가 지각하는 대로의 드러난 문제에는 전혀 관련 없어 보일 수도 있고, 사실상 그를 매우 난처한 상황에 맞닥뜨리게 할 수도 있다. 이 모든 것은 아무런 가치도 없는 판단이다. 그것들은 하느님의 교사 자신의 판단으로서, 그가 뒤로 하고 떠나려는 초라한 자아 지각에서 비롯된다. 네게 오는 말을 판단하지 말고, 확신을 가지고 제공하라. 그 말은 너 자신의 말보다 훨씬 더 지혜롭다. 하느님의 교사가 사용하는 상징 뒤에는 하느님의 **말씀**이 있다. 하느님이 몸소 그가 사용하는 말에 당신의 **영**의 권능을 주셔서, 그 말을 의미 없는 상징에서 천국 자체의 부름으로 격상시키신다.

22. 치유와 속죄는 어떻게 관련되어 있는가?

1 치유와 속죄는 관련되어 있지 않다. 그 둘은 똑같다. 기적에 난이도(order of difficulty)가 없는 이유는 속죄에 정도(degrees)가 없기 때문이다. 속죄는 온전하게 통합된 지각의 근원이므로, 이 세상에서 가능한 유일하게 완전한 개념이다. 부분적인 속죄란 무의미한 아이디어다. 그것은 마치 천국에서 지옥이라는 특별한 영역을 상상조차 할 수 없는 것과도 같다. 속죄를 받아들여라, 그러면 너는 치유된다. 속죄는 하느님의 **말씀**이다. 하느님의 **말씀**을 받아들여라, 그러면 과연 무엇이 남아 병을 가능하게 할 것인가? 하느님의 **말씀**을 받아들여라, 그러면 모든 기적이 이미 성취된 것이다. 용서하는 것은 치유하는 것이다. 하느님의 교사는 스스로 속죄를 받아들이는 것을 자신의 유일한 기능으로 받아들였다. 그렇다면 그가 치유할 수 없는 것이 무엇이 있겠는가? 그에게 어떤 기적이 주어지지 않을 수 있겠는가?

2 하느님의 교사의 발전은, 그가 속죄의 포괄성을 인식하는지 아니면 어떤

문제 영역은 당분간 속죄에서 제외시키는지에 따라 느릴 수도 빠를 수도 있다. 어떤 경우에는, 속죄 레슨을 모든 상황에 완벽하게 적용할 수 있다는 갑작스럽고도 완벽한 인식이 일어난다. 하지만 그런 경우는 비교적 드물다. 하느님의 교사가 하느님이 주신 기능을 받아들인 것은 어쩌면, 자신의 기능을 받아들임으로써 그에게 제시되는 그 모든 것을 다 배우기 훨씬 전일 수도 있다. 확실한 것은 결말뿐이다. 걸어가는 길의 어느 지점에서든, 그는 포괄성에 대한 필수적인 깨달음에 도달할 수 있다. 갈 길이 멀어 보이더라도, 그로 하여금 만족하게 하라. 그는 갈 방향을 이미 정했다. 그에게 더 이상 무엇이 요구되었던가? 그가 할 필요가 있는 것을 이미 했는데, 하느님이 나머지를 주지 않으려 하시겠는가?

3 하느님의 교사가 발전하려면, 용서가 곧 치유임을 이해해야 한다. 몸이 병들 수 있다는 아이디어가 에고 사고체계에서 중심이 되는 개념이다. 이런 생각은 몸에게 자율성을 주고, 몸을 마음에서 분리시키며, 공격이라는 아이디어를 신성불가침한 것으로 유지시킨다. 만약 몸이 병들 수 있다면, 속죄는 불가능할 것이다. 마음에게 몸이 적합하다고 여기는 것을 행하라고 명령할 수 있는 몸은 하느님의 자리를 가뿐히 차지하고 구원은 불가능함을 증명할 것이다. 그렇다면 치유할 것이 무엇이 남아있겠는가? 몸이 마음의 주인이 되었다. 몸이 죽임을 당하지 않는 한, 마음을 어떻게 성령께 돌려보낼 수 있겠는가? 누가 이런 대가를 치르고 구원을 원하겠는가?

4 확실히 병은 어떤 결정처럼 보이지는 않는다. 또한 아무도 자신이 병들기를 원한다고 실제로 믿지는 않을 것이다. 어쩌면 이 아이디어를 이론상으로 받

아들일 수는 있어도, 자신은 물론 모든 이를 지각할 때, 병의 모든 구체적인 형식에 이 아이디어를 일관되게 적용하는 경우는 좀처럼 없다. 또한 하느님의 교사가 이 수준에서 치유의 기적을 불러일으키는 것도 아니다. 그는 몸과 마음을 간과하고, 그의 앞에서 빛나고 있는 그리스도의 얼굴만 봄으로써, 모든 잘못을 교정하고 모든 지각을 치유한다. 치유는, 치유를 필요로 하는 자가 참으로 누구인지를 하느님의 교사가 인식한 결과다. 이런 인식은 특정한 대상에 국한되지 않는다. 그것은 하느님이 창조하신 모든 것에 해당된다. 그런 인식 안에서 모든 환상이 치유된다.

5 하느님의 교사가 치유에 실패한다면, 그것은 치유를 필요로 하는 자가 참으로 누구인지 잊었기 때문이다. 그러므로 다른 사람의 병은 교사 자신의 병이 된다. 이런 일이 일어나도록 허락할 때 그는 다른 사람의 에고와 동일시하여 그를 몸과 혼동한 것이다. 그렇게 할 때 그는 스스로 속죄를 받아들이기를 거절한 것이며, 따라서 형제에게 그리스도의 이름으로 속죄를 제공할 수 없다. 사실상 그는 자신의 형제를 전혀 인식할 수 없을 것이다. 왜냐하면 그의 아버지는 몸을 창조하지 않으셨기에, 그는 형제 안에서 실재하지 않는 것만 보고 있는 것이기 때문이다. 실수는 실수를 교정하지 않고, 왜곡된 지각은 치유하지 않는다. 하느님의 교사여, 이제 뒤로 물러서라. 네가 틀렸다. 너는 길을 잃었으니, 길을 인도하지 말라. 서둘러 너의 **교사**에게 돌아서서, 너 자신이 치유되게 하라.

6 속죄는 보편적으로 제공된다. 속죄는 모든 상황에서 모든 사람에게 똑같이 적용될 수 있다. 속죄 안에 모든 사람의 모든 형식의 병을 치유할 권능이 들

어있다. 이를 믿지 않는 것은 하느님께 불공평한 것이며, 따라서 하느님께 신실하지 못한 것이다. 병든 자는 자신이 하느님과 분리되어 있다고 지각한다. 너는 그가 너와 분리되어 있다고 지각하려는가? 그를 병들게 만든 분리의 느낌을 치유하는 것이 바로 너의 과제다. 그가 자신에 대해 믿는 것은 진리가 아님을 그를 대신해 인식하는 것이 바로 너의 기능이다. 그에게 이것을 보여주어야 하는 것이 바로 너의 용서다. 치유는 아주 단순하다. 속죄가 받아지고(received), 이어서 제공된다. 이미 받아졌기에, 속죄는 받아들여질(accepted) 수밖에 없다. 그렇다면, 바로 이런 받음에(receiving) 치유가 놓여있다. 다른 모든 것은 이 유일한 목적에 뒤따라 일어날 수밖에 없다.

7 그 누가 하느님 자신의 권능을 제한할 수 있겠는가? 그렇다면 그 누가, 어떤 사람은 어떤 병을 치유 받을 수 있고, 어떤 것은 하느님의 용서하는 권능 너머에 남아있어야 한다고 말할 수 있겠는가? 이는 정녕 제정신이 아니다. 하느님께 한계를 지우는 것은 하느님의 교사의 일이 아니니, 하느님의 아들을 판단하는 것은 그의 일이 아니기 때문이다. 하느님의 아들을 판단하는 것은 그의 **아버지**를 제한하는 것이다. 둘 다 같은 정도로 무의미하다. 하지만 하느님의 교사는 그것들이 같은 실수임을 인식하기 전에는 그것을 이해하지 못할 것이다. 그런 인식을 통해, 그는 속죄를 받는다. 왜냐하면 그는 하느님의 아들에게서 판단을 거둬들이고 그를 하느님이 창조하신 대로 받아들이기 때문이다. 그는 더 이상 하느님과 떨어져 서서 치유가 어디에 주어져야 하고 어디에는 주어지지 말아야 하는지 결정하지 않는다. 이제 그는 하느님과 함께, "이는 완벽하게 창조되었고 영원히 완벽한 나의 사랑하는 아들이다."라고 말할 수 있다.

23. 예수에겐 치유에서 특별한 역할이 있는가?

1 하느님의 선물을 직접 받을 수 있는 경우는 좀처럼 없다. 심지어 최상급의 하느님의 교사들조차도 이 세상의 유혹에 굴할 것이다. 만약 이것 때문에 그들의 학생들이 치유를 거절당한다면, 그것이 공평하겠는가? 성서는 "예수 그리스도의 이름으로 청하라."라고 말한다. 이것이 단지 마법에 호소하는 것이겠는가? 특정한 이름은 치유하지 않고, 특정한 기도문이 어떤 특별한 권능을 불러오는 것도 아니다. 그렇다면 예수 그리스도를 부른다는 것은 무슨 의미인가? 그의 이름을 부르는 것이 무엇을 가져다주는가? 그에게 호소하는 것이 치유의 일부인 이유는 무엇인가?

2 우리는 스스로 속죄를 완벽하게 받아들인 자는 세상을 치유할 수 있다고 거듭 말했다. 정녕, 예수는 이미 그렇게 했다. 다른 사람에게는 유혹이 다시 일어날 수도 있지만, 예수에게는 결코 일어나지 않는다. 그는 하느님의 부활한 아

들이 되었다. 그는 생명을 받아들였으므로, 죽음을 극복했다. 그는 하느님이 창조하신 대로의 자기 자신을 인식했고, 그렇게 하면서 모든 살아있는 것을 자신의 일부로 인식했다. 이제 그의 권능은 하느님의 **권능**이므로, 그의 권능에는 한계가 없다. 따라서 예수의 이름은 하느님의 이름이 되었으니, 그는 더 이상 자신을 하느님과 분리되어 있다고 보지 않기 때문이다.

3 이것이 네게 무엇을 의미하는가? 그것은 네가 예수를 기억할 때, 하느님을 기억하고 있음을 의미한다. 아들과 아버지의 관계 전체가 예수 안에 놓여있다. 예수가 온아들에서 차지하는 부분은 너의 부분이기도 하며, 그가 완성한 배움은 너 자신이 성공할 것임을 보장한다. 예수는 여전히 도움을 줄 수 있는가? 이에 대해 그가 무엇이라 말했는가? 그의 약속을 기억하고, 그가 약속을 지키지 못할 것 같은지 정직하게 자문해 보라. 하느님이 아들을 저버리실 수 있겠는가? 하느님과 하나인 자가 하느님을 닮지 않을 수 있겠는가? 몸을 초월하는 자는 이미 한계를 초월한 것이다. 가장 위대한 교사가 그를 따르는 자들을 돕지 못할 수 있겠는가?

4 이러한 예수 그리스도의 이름은 단지 하나의 상징에 불과하다. 하지만 그 이름은 이 세상의 것이 아닌 사랑을 나타낸다. 그것은 네가 기도하는 그 모든 신(gods)의 많은 이름에 대한 대체물로 안전하게 사용될 수 있는 상징이다. 그 이름은 하느님의 **말씀**의 빛나는 상징이 되며, 그 이름이 나타내는 것과 너무도 가까워서 그 이름을 마음에 떠올리는 순간 그 둘 사이의 좁은 간격이 사라진다. 예수의 이름을 기억하는 것은 하느님이 네게 주신 그 모든 선물에 감사드리는

것이다. 하느님께 드리는 감사는 하느님을 기억하는 길이 되니, 깊이 감사하고 고마워하는 마음이 있는 곳엔 머지않아 사랑이 찾아오기 때문이다. 이제 하느님이 편안히 들어오시니, 깊이 감사하고 고마워하는 마음은 네가 집에 가기 위한 진정한 조건이기 때문이다.

5 예수가 앞서 걸었다. 왜 그에게 감사하지 않으려는가? 예수는 사랑을 청했으나, 그 사랑을 네게 주려고 그랬을 뿐이다. 너는 너 자신을 사랑하지 않는다. 그러나 예수가 보기에 너의 사랑스러움은 너무도 완벽하고 흠이 없어서, 예수는 그 안에서 그의 아버지의 이미지를 본다. 너는 이곳 땅에서 그의 아버지의 상징이 된다. 예수는 네 안에서 너의 아름다운 완성을 훼손하는 어떤 한계도 오점도 보지 않으므로, 네게 희망을 건다. 예수가 보기에 그리스도의 비전은 더없는 변함없음으로 빛난다. 예수는 네 곁에 머물러 왔다. 그의 배움을 통해 구원의 레슨을 배우지 않으려는가? 그가 너를 위해 여행을 이미 마쳤는데, 너는 왜 다시 시작하겠다고 선택하려는가?

6 땅 위의 그 누구도 천국이 무엇인지, 천국의 유일한 창조주가 정말로 무엇을 의미하는지 이해할 수 없다. 하지만 우리에게는 증인들이 있다. 그들은 지혜에 마음이 끌린다. 네가 배울 수 있는 것을 훨씬 초월하는 배움을 이룬 자들이 있어 왔다. 또한 우리는 우리 자신에게 부과했던 한계를 가르치지도 않을 것이다. 하느님의 참되고 헌신적인 교사가 된 자는 그 누구도 자신의 형제들을 잊지 않는다. 하지만 그가 형제들에게 베풀 수 있는 것은 그 자신이 배우는 것에 의해 제한된다. 그렇다면 모든 한계를 옆으로 치우고 배움이 도달할 수 있는 가장

먼 곳 너머로 간 자에게 의지하라. 그는 너를 데려갈 것이니, 그는 홀로 가지 않았기 때문이다. 그리고 그 때, 너는 그와 함께 있었다. 지금 네가 그와 함께 있는 것처럼 말이다.

7 이 수업이 예수에게서 온 이유는, 그의 말이 네가 좋아하고 이해할 수 있는 언어로 네게 도달했기 때문이다. 다른 언어로 말하고 다른 상징의 도움을 청하는 자에게 길을 인도할 다른 교사가 가능한가? 확실히 가능하다. 하느님이 누구라도 어려운 때에 지금 당장 받을 수 있는 도움, 하느님 자신을 상징하는 구원자 없이 내버려두시겠는가? 하지만 우리에겐 다면적인 커리큘럼이 필요하다. 내용상의 차이점 때문이 아니라, 상징은 필요에 맞추려면 바뀌고 변해야 하기 때문이다. 예수는 너의 필요에 답하려고 왔다. 예수 안에서 너는 하느님의 **응답**을 발견한다. 그리고 나서 너는 예수와 함께 가르치니, 그는 너와 함께 있고, 항상 여기에 있기 때문이다.

24. 환생은 참인가?

1 궁극적인 의미에서, 환생은 불가능하다. 과거도 미래도 없고, 몸속으로 태어난다는 아이디어는 한 번 태어나든 여러 번 태어나든 아무런 의미도 없다. 그러니 환생은 그 어떤 진정한 의미에서도 참일 수 없다. 우리의 유일한 질문은, "이 개념이 도움이 되는가?"가 되어야 한다. 그것은 당연히 이 개념이 무엇을 위해 사용되느냐에 달려있다. 환생이라는 개념이 생명의 영원한 본성에 대한 인식을 강화하는데 사용된다면, 그것은 정녕 도움이 된다. 이 개념에 대한 다른 어떤 질문이 길을 밝히는데 실제로 유용하겠는가? 다른 많은 믿음들처럼, 이 개념도 몹시 오용될 수 있다. 이런 오용은 최소한 과거에 몰두하게 하고, 어쩌면 과거에 대해 자만하게 할 수도 있다. 최악의 경우, 현재에 무력감을 일으킨다. 그 사이에 온갖 어리석은 생각들이 있을 수 있다.

2 어떤 상황에서든 환생은 지금 다뤄야 할 문제는 아닐 것이다. 만약 환생이

어떤 사람이 지금 직면한 곤란에 책임이 있다 하더라도, 그 곤란에서 오로지 지금 벗어나는 것이 그의 과제일 것이다. 그가 내세를 위한 토대를 쌓고 있다 하더라도, 그는 여전히 자신의 구원을 오로지 지금 이룰 수 있다. 어떤 사람에게는 환생 개념이 위안이 될 수 있고, 만약 이 개념이 그에게 용기를 북돋아준다면, 그 가치는 자명하다. 하지만 환생을 믿는 자와 믿지 않는 자 모두가 구원으로 가는 길을 발견할 수 있음은 확실하다. 그러니 이 아이디어를 커리큘럼에 필수적이라고 여길 수는 없다. 현재를 과거와 관련해서 보는 것엔 항상 어떤 위험이 있다. 생명과 몸은 같지 않다는 아이디어를 강화시키는 모든 생각에는 항상 어떤 이점이 있다.

3 우리의 목적을 위해서는, 환생에 대해 어떤 확고한 입장을 취하는 것은 도움이 되지 않을 것이다. 하느님의 교사는 환생을 믿지 않는 자에게 도움이 되듯이, 믿는 자에게도 도움이 되어야 한다. 그에게 환생에 대해 확고한 입장을 취할 것을 요구한다면, 그것은 그의 의사결정권 뿐만 아니라 그의 유용성도 제한할 것이다. 우리의 수업은 그의 공식적인 믿음과 상관없이, 누구나 받아들일 수 없는 어떤 개념에도 관심이 없다. 그는 자신의 에고에 대처하기에도 힘겨울 텐데, 분파적인 논쟁으로 부담을 더 주는 것은 지혜롭지 않을 것이다. 또한 단지 자신의 오랜 믿음을 옹호한다는 이유만으로 이 수업을 조급하게 받아들이는 것에 어떤 이점이 있지도 않을 것이다.

4 이 수업이 생각을 철저히 뒤집는 것을 목표로 하고 있음은 아무리 강조해도 지나치지 않다. 마침내 이 목적이 성취되면, 환생의 타당성과 같은 주제들은

무의미해진다. 그때까지는 그러한 주제들은 단지 논란만 일으키기 십상이다. 따라서 하느님의 교사는 이러한 모든 질문에서 물러나 있는 것이 현명하니, 그것들 말고도 가르치고 배울 것이 많기 때문이다. 그는 이론적인 주제들은 단지 시간을 정해진 목적에서 빼내서 허비할 뿐임을 가르치고 배워야 한다. 어떤 개념이나 믿음에 도움이 될 측면이 있다면, 그는 그것에 대해 듣게 될 것이다. 그는 또한 그것을 어떻게 사용할지에 대해서도 듣게 될 것이다. 그가 무엇을 더 알아야 하겠는가?

5 이것은 하느님의 교사 자신이 환생을 믿어서는 안 된다거나, 환생을 믿는 사람들과 그에 대해 토론하지 말아야 함을 의미하는가? 그에 대한 답은 분명히 "아니다!"이다. 그가 환생을 정말로 믿는다면, 그의 **내면의 교사**가 그러라고 조언하지 않는 한 그 믿음을 포기하는 것은 실수일 것이다. 그러나 그의 **내면의 교사**가 그렇게 조언할 리는 거의 없다. 그는 학생나 자신의 발전을 해치는 어떤 방식으로 그 믿음을 오용하고 있다는 조언을 받을 수는 있다. 그렇다면 재해석이 필요할 것이므로, 재해석이 권유될 것이다. 그렇긴 하지만, 탄생은 시작이 아니었고 죽음은 끝이 아니라는 점이 그가 인식해야 할 전부다. 하지만 초심자에게는 이만큼도 요구되지 않는다. 그는 다만 자신이 아는 것이 배워야할 전부는 아닐 수도 있다는 아이디어를 받아들이기만 하면 된다. 그러면 그의 여정은 시작된 것이다.

6 이 수업의 강조점은 언제나 똑같다 – 완벽한 구원이 네게 제공되는 때는 바로 이 순간이고, 네가 그것을 받아들일 수 있는 때도 바로 이 순간이다. 이것

은 여전히 너의 유일한 책임이다. 속죄는 과거로부터의 전적인 벗어남, 미래에 대한 전적인 무관심과 같다고 할 수 있을 것이다. 천국은 여기에 있다. 다른 곳은 없다. 천국은 지금이다. 다른 시간은 없다. 이것으로 인도하지 않는 어떤 가르침도 하느님의 교사에게는 중요하지 않다. 제대로 해석된다면, 모든 믿음은 이것을 가리킬 것이다. 이런 의미에서 그 믿음들의 진실성은 그것들의 유용성에 놓여있다고 말할 수 있다. 발전으로 인도하는 모든 믿음은 존중받아야 한다. 이것이 이 수업이 요구하는 유일한 기준이다. 그 이상 어떤 것도 필요하지 않다.

25. "심령(psychic)" 능력은 바람직한가?

1 이 질문에 대한 답은 앞의 질문에 대한 답과 아주 비슷하다. 물론 "비자연적인" 능력("unnatural" powers)은 없으며, 존재하지 않는 어떤 힘을 지어내려는 것은 명백히 마법에 호소하는 것에 불과하다. 하지만 각 사람에게는 그가 알아차리지 못하는 많은 재능(abilities)이 있다는 것도 똑같이 분명하다. 그가 더욱 자각하게 될수록, 그 자신도 깜짝 놀랄만한 재능을 개발할 수도 있다. 그러나 그가 행할 수 있는 어떤 것도, 자신이 참으로 누구인지를 기억하는 영광스러운 놀라움과는 전혀 비할 바가 못 된다. 그의 모든 배움과 그의 모든 노력이 이 하나의 위대한 마지막 놀라움을 향하게 하라. 그러면 그는 도중에 나타날 수도 있는 사소한 놀라움거리들 때문에 지체되는데 만족하지 않을 것이다.

2 확실히, 이 수업과 명백하게 일치하는 "심령" 능력이 많이 있다. 소통은 세상이 인식하는 좁은 범위의 통로(channel)에만 국한되지 않는다. 만약 그렇다

면, 구원을 가르치려고 노력하는 것은 거의 의미가 없을 것이다. 그렇게 하는 것은 불가능할 것이다. 세상이 소통에 가하는 한계는 성령을 직접 경험하지 못하게 막는 주된 장애다. 비록 성령의 **현존**은 항상 있고, 성령의 **음성**은 그저 듣기만 하면 되지만 말이다. 그러한 한계는 두려움 때문에 가해졌으니, 그 한계가 없다면 세상의 그 모든 분리된 장소를 둘러싼 벽은 성령의 **음성**의 거룩한 소리 앞에서 무너져버릴 것이기 때문이다. 이러한 한계를 어떤 식으로든 초월하는 자는 그저 보다 자연스러워질 뿐이다. 그는 특별한 것은 아무것도 하지 않고, 그의 성취에는 어떤 마법도 없다.

3 도중에 얻어질 수 있는 새로워 보이는 재능은 아주 도움이 될 수 있다. 성령께 드려 그의 인도 아래 사용한다면, 그것은 값진 가르침의 도구가 된다. 그 재능이 어떻게 생겨나는가 하는 질문은 이것과는 무관하다. 유일하게 중요한 고려사항은 그 재능이 어떻게 사용되는가이다. 그 재능을 그 자체로 목적으로 받아들이는 것은, 어떤 식으로 그렇게 하든 상관없이 발전을 지체시킬 것이다. 또한 그것의 가치는 과거에 성취한 것이나 "보이지 않는 것"과의 이례적인 교신, 혹은 하느님에게서 온 특별한 은총 등 무언가를 증명하는 것에 있지도 않다. 하느님은 특별한 은총을 내리지 않으시며, 누구에게나 가능하지 않은 어떤 능력이라도 가진 자는 아무도 없다. 특별한 능력은 마법의 눈속임으로만 "입증된다."

4 진짜인 것은 속임수에 사용되지 않는다. 성령은 속이지 못하며, 오로지 진짜 재능만 사용할 수 있다. 마법을 위해 사용되는 것은 성령께 쓸모가 없고, 성

령이 사용하는 것은 마법을 위해 사용될 수 없다. 하지만 기묘하게도 유혹적일 수 있는 이례적인 재능에는 특유의 매력이 있다. 여기에 성령이 원하고 필요로 하는 강점이 있다. 하지만 에고는 이런 똑같은 강점에서 자신의 영광을 드높일 기회를 본다. 약함으로 바뀐 강점이야말로 정녕 비극이다. 하지만 성령께 드리지 않는 것은 약함에게 주어질 수밖에 없으니, 사랑에게 주어지지 않는 것은 두려움에게 주어지며, 그 결과 두려운 것이 되기 때문이다.

5 세상의 물질적인 것엔 더 이상 가치를 두지 않는 자들조차 "심령" 능력에는 여전히 속을 수 있다. 세상의 물질적인 선물에 대한 투자가 거둬들여지자, 에고는 심각하게 위협받았다. 에고는 여전히 교활한 책략을 써서 강함을 되찾으려고 이 새로운 유혹의 깃발아래 다시 집결할 수 있을 만큼은 강할 수도 있다. 여기서 많은 이가 에고의 방어수단을 간파하지 못했다. 비록 그것이 특별하게 감지하기 힘든 것은 아니지만 말이다. 하지만 속으려는 소망이 남아있으면, 속이기가 매우 쉬워진다. 이제 "능력"은 더 이상 진짜 능력이 아니며, 믿을만하게 사용될 수 없다. 사람이 능력의 목적에 대해 마음을 바꾸지 않는 한, 그가 점점 더 많은 속임수로 그 능력의 불확실성을 강화할 것임은 거의 불가피하다.

6 누가 개발한 어떤 재능이든 거기엔 선(good)을 위한 잠재력이 있다. 이것에 예외는 없다. 또한 그 능력이 더 이례적이고 더 예상치 못한 것일수록 그 잠재적인 유용성은 더 크다. 구원은 모든 재능을 필요로 하니, 세상이 파괴하려는 것을 성령은 회복시키려하기 때문이다. "심령" 능력은 마귀를 불러내려고 사용되어 왔는데, 이것은 그저 에고를 강화하는 것을 의미하는데 지나지 않는다.

하지만 여기에 또한 성령께 봉사하는, 희망과 치유의 위대한 통로도 있다. "심령" 능력을 개발한 자들은 단지 자신의 마음에 부과한 몇 가지 한계가 제거되도록 허용했을 뿐이다. 만약 그들이 더 늘어난 자유를 더 심하게 감금하려고 사용한다면, 그것은 단지 자신에게 가하는 더 큰 한계가 될 수 있을 뿐이다. 성령은 이러한 선물을 필요로 하며, 오로지 성령께만 그런 선물을 드리는 자는 가슴에 그리스도의 감사를 품고 간다. 그리고 머지않아 그리스도의 거룩한 비전을 얻는다.

26. 하느님께 직접 도달할 수 있는가?

1   하느님께는 정녕 직접 도달할 수 있으니, 하느님과 아들 사이에는 거리가 전혀 없기 때문이다. 하느님에 대한 의식은 모든 이의 기억에 있고, 하느님의 **말씀**은 모든 이의 가슴에 아로새겨져 있다. 하지만 이런 의식과 기억은 진리에 대한 모든 장애물이 제거된 곳에서만 무의식의 문턱 너머로 떠오를 수 있다. 이런 경우가 과연 얼마나 많겠는가? 그러므로 여기에 하느님의 교사가 해야 할 역할이 있다. 그들은 마찬가지로 아직 필요한 이해를 얻지는 못했으나, 다른 이들과 결합했다. 바로 이 사실이야말로 그들을 세상으로부터 떼어놓아 주는 것이다. 그리고 바로 이 사실이야말로 다른 이들이 하느님의 교사들과 함께 세상을 떠날 수 있게 해 주는 것이다. 홀로는, 그들은 아무것도 아니다. 하지만 그들의 결합에, 하느님의 **권능**이 있다.

2   하느님께 직접 도달한 자들이 있다. 그들은 세상의 한계의 흔적을 전혀 간

직하지 않고 자신의 **정체**를 완벽하게 기억한다. 그들은 교사의 교사라고 불릴 수 있을 것이다. 왜냐하면 비록 그들은 더 이상 보이지 않지만, 여전히 그들의 이미지를 불러올 수는 있기 때문이다. 그들은 그렇게 하는 것이 하느님의 교사에게 도움이 되는 때와 장소에 출현할 것이다. 그들은 이러한 출현에 겁먹을 수도 있는 자들에게는 자신의 아이디어를 준다. 그 누구도 그들을 헛되이 부를 수 없다. 또한 그들이 알지 못하는 자도 전혀 없다. 모든 필요가 그들에게 알려져 있고, 모든 잘못이 그들에 의해 인식되고 간과된다. 이것을 이해할 때가 올 것이다. 그동안에 그들은, 모든 것을 다른 이름이 아닌 그들의 이름으로만 청하면서 도와달라고 의지하는 하느님의 교사에게 모든 선물을 준다.

3 때로 하느님의 교사는 하느님과의 직접적인 연합을 잠깐 경험할 수도 있다. 이 세상에서는, 이런 경험이 지속되기는 거의 불가능하다. 어쩌면 그것은 큰 헌신과 봉헌 끝에 얻어진 다음, 땅에서의 대부분의 시간 동안 유지될 수도 있을 것이다. 그러나 이는 너무도 드물어 현실적인 목표라고 여길 수 없다. 그런 일이 일어난다면, 그렇게 되도록 하라. 그런 일이 일어나지 않는다면, 또한 그렇게 되도록 하라. 세상의 모든 상태는 환상에 불과한 것일 수밖에 없다. 하느님께 도달한 의식 상태가 지속된다면, 몸은 오래 유지되지 않을 것이다. 몸을 내려놓고서, 여전히 뒤에 남아 있는 자들에게 자신의 도움됨을 그저 확장하고 있는 자들은 과연 몇 안 된다. 그들에겐 여전히 속박되어 있고 여전히 잠든 조력자들이 필요하니, 그 조력자들의 깨어남을 통해 다른 이들도 하느님의 **음성**을 들을 수 있기 때문이다.

4 그러니 한계를 탓하며 절망하지 마라. 너의 기능은 한계에서 벗어나는 것이지, 한계 없이 있는 것이 아니다. 고통 받는 자들이 네 말을 들을 수 있으려면, 너는 그들의 언어로 말해야 한다. 너희가 구원자들이 되려면, 무엇에서 벗어날 필요가 있는지 이해해야 한다. 구원은 이론적이지 않다. 문제를 보고 답을 청하라. 그리고 답이 오면 답을 받아들여라. 그 답이 오는 데 오래 지체되지도 않을 것이다. 네가 받아들일 수 있는 그 모든 도움이 제공될 것이며, 너의 필요 중에 충족되지 않을 것은 단 하나도 없을 것이다. 그러니, 네가 아직 준비되지 않은 목표에 너무 신경 쓰지 말자. 하느님은 너를 네가 있는 곳에서 취하셔서 맞아들이신다. 이것이 네게 필요한 모든 것이거늘, 무엇을 더 바랄 수 있겠는가?

27. 죽음이란 무엇인가?

1 죽음은 그로부터 모든 환상이 생겨나는 중심이 되는 꿈이다. 태어나서, 나이 들고, 생기를 잃다가, 결국 죽는 것이 생명이라고 여기는 것이야말로 광기가 아니겠는가? 우리는 전에 질문을 했지만, 이제 한층 더 자세히 살펴볼 필요가 있다. 세상의 모든 것이 단지 죽으려고 태어난다는 것은 세상의 믿음 중에 유일하게 고착되고 변할 수 없는 믿음이다. 이것은 의문을 제기할 대상이 아니라 생명의 "자연스러운" 법칙으로 받아들여야 할, "자연의 섭리"라고 여겨진다. 순환하는 것들, 변하고 불확실한 것들, 의지할 수 없는 것들, 특정한 길에서 특정한 방법으로 흥하고 이울기를 되풀이하는 불안정한 것들 – 이 모든 것이 하느님의 **뜻**으로 받아들여진다. 선하신 창조주께서 과연 그렇게 뜻하실 수 있는지 아무도 묻지 않는다.

2 하느님이 우주를 이렇게 창조하셨다는 지각에서는, 하느님을 사랑 많으신

분으로 생각하기란 불가능할 것이다. 모든 것이 사라져서, 흙과 실망과 절망으로 끝나야 한다고 명하신 분은 그저 두려움의 대상일 수밖에 없기 때문이다. 그는 풍전등화와 같은 너의 하찮은 목숨을 손에 쥐고, 아무런 후회도 배려도 없이 당장이라도 바스러뜨릴 태세다. 어쩌면 당장 오늘 말이다. 설령 기다린다 해도, 종말은 확실하다. 이러한 신(god)을 사랑하는 자는 생명이 실재함을 부정한 것이므로, 사랑에 대해 알지 못한다. 죽음이 생명의 상징이 되었다. 그의 세상은 이제 모순이 지배하고, 서로 적대하는 자들이 끝없는 전쟁을 벌이는 전쟁터다. 죽음이 있는 곳에, 평화는 정녕 불가능하다.

3 죽음은 하느님에 대한 두려움의 상징이다. 태양을 가리려고 치켜든 방패처럼 하느님의 사랑을 의식하지 못하게 가로막는 이 아이디어 안에서 하느님의 사랑은 잊혔다. 그 상징의 무시무시함은 그것이 하느님과 공존할 수 없음을 보여주기에 충분하다. 그 상징은 하느님의 아들이 폐허의 품에 "쉬기 위해 누어지며", 그를 기다렸다 맞이하는 벌레들은 그를 파괴하여 잠시 연명하는 이미지를 담고 있다. 하지만 벌레들 또한 확실히 파괴될 운명이다. 그러니 모든 것은 과연 죽음으로 인해 산다. 집어삼켜버림은 자연의 "생명의 법칙"이다. 하느님은 제정신이 아니고, 두려움만이 홀로 실재한다.

4 죽어가는 것의 일부가 죽을 것과 무관하게 계속될 수도 있다는 희한한 믿음은 사랑 많으신 하느님을 선포하지도 않고, 신뢰의 어떤 근거를 재확립하지도 않는다. 어떤 것에든 죽음이 실재한다면, 생명은 없다. 죽음은 생명을 부정하지만, 생명에 실재성이 있다면 죽음은 부정된다. 이것엔 어떤 타협도 불가능

하다. 두려움의 신(god)이 있거나 **사랑**의 하느님이 계실 뿐이다. 세상은 천 번의 타협을 시도하고도, 천 번을 더 시도할 것이다. 그 중 어느 하나도 하느님이 받아들이실만하지 않기에, 하느님의 교사가 받아들일만하지 않다. 하느님은 두려움을 만들지 않으셨기에, 죽음도 만들지 않으셨다. 하느님께는 둘 다 똑같이 무의미하다.

5 죽음의 "실재성"은 하느님의 아들이 몸이라는 믿음에 뿌리를 단단히 내리고 있다. 하느님이 몸을 창조하셨다면, 죽음은 정녕 실재할 것이다. 하지만 하느님은 사랑의 하느님이 아니실 것이다. 실재 세상의 지각과 환상의 세상의 지각 사이의 대비가 이보다 더 극명하게 드러나는 점은 없다. 하느님이 **사랑**이시라면, 죽음은 정녕 하느님의 죽음이다. 이제 하느님 자신의 피조물이 하느님을 두려워할 수밖에 없다. 하느님은 아버지가 아니라 파괴자다. 그는 창조주가 아니라 복수하는 자다. 그의 **생각**들은 과연 끔찍하고 그의 이미지는 무시무시하다. 그의 피조물들을 바라보는 것은 곧 죽는 것이다.

6 "그리고 마지막으로 극복해야 할 것은 죽음일 것이다." 물론이다! 죽음이라는 아이디어 없이는, 세상도 없다. 이 하나로 모든 꿈이 끝날 것이다. 이것은 구원의 마지막 목표, 모든 환상의 끝이다. 죽음에서 모든 환상이 태어난다. 그 무엇이 죽음에서 태어나고서도 여전히 생명을 가질 수 있겠는가? 그렇지만 그 무엇이 하느님에게서 태어나고서도 여전히 죽을 수 있겠는가? 죽음에 매달리면서도 사랑이 실재한다고 생각하려는 헛된 시도로서 세상이 조장하는 모순, 타협, 의식(rituals)은 효과도 없고 의미도 없는 어리석은(mindless) 마법이다. 하

느님은 영원하시며, 창조된 모든 것도 하느님 안에서 영원할 것이다. 그렇지 않
다면 하느님께는 대적자가 있어야 하고, 두려움은 사랑만큼이나 실재적이어야
한다는 것을 보지 못하겠는가?

7 하느님의 교사여, 너의 유일한 과제는 다음과 같다고 말할 수 있다: 죽음
이 한몫을 하는 어떤 타협도 받아들이지 마라. 잔인함이 존재한다고 믿지도 말
고, 공격이 네게서 진리를 가리게 허용하지도 마라. 죽는 것처럼 보이는 것은
단지 잘못 지각되어 환상으로 보내졌을 뿐이다. 이제 그 환상이 진리로 가져
가지게 하는 것이 너의 과제가 되었다. 단지 이 점에 있어서 마음을 굳건히 하
고, 어떤 변화하는 형식의 "실재성"에도 속지 마라. 진리는 움직이지도 흔들리
지도 않으며, 죽음과 소멸의 구렁텅이에 빠지지도 않는다. 죽음의 끝은 무엇인
가? 하느님의 아들은 지금도 앞으로도 영원히 죄가 없다는 인식, 단지 이것뿐
이다. 단지 이것뿐이다. 하지만 그 이하도 아님을 결코 잊지 마라.

28. 부활이란 무엇인가?

1 아주 단순히 말하자면, 부활은 죽음을 극복하는 것 혹은 이겨내는 것이다. 부활은 다시 깨어나는 것 혹은 다시 탄생하는 것이며, 세상의 의미에 대해 마음을 바꾸는 것이다. 부활은 세상의 목적에 대한 성령의 해석을 받아들이는 것이며, 스스로 속죄를 받아들이는 것이다. 부활은 비참한 꿈을 끝내고, 성령의 최후의 꿈을 기쁘게 자각하는 것이다. 부활은 하느님의 선물을 인식하는 것이다. 부활은 몸이 오로지 소통의 기능만 갖고서 완벽하게 기능하는 꿈이다. 부활은 배움이 끝나는 레슨이니, 배움은 부활로써 완성되고 능가되기 때문이다. 부활은 하느님께 당신의 마지막 단계를 밟으시라고 청하는 초대장이다. 부활은 다른 모든 목적, 다른 모든 이해관계, 다른 모든 소망, 다른 모든 관심사를 포기하는 것이다. 부활은 아버지를 향한 아들의 단 하나의 열망이다.

2 부활은 생명을 주장하는 것이기에, 죽음을 부정하는 것이다. 그와 같이 세

상의 모든 사고가 완전히 뒤집힌다. 생명은 이제 구원으로 인식되고, 일체의 고통과 비참함은 지옥으로 지각된다. 더 이상 사랑을 두려워하지 않고 기꺼이 맞아들인다. 우상은 사라졌고, 하느님에 대한 기억이 세상 곳곳을 거침없이 비춘다. 모든 살아있는 것에서 그리스도의 얼굴이 보이며, 그 무엇도 용서의 빛과 떨어져 어둠 속에 갇혀있지 않다. 땅위에 아직도 남아있는 슬픔은 없다. 땅위에 천국의 기쁨이 내려왔다.

3 여기서 커리큘럼이 끝난다. 여기서부터는 어떤 지침도 필요 없다. 비전은 완전히 교정되었고 모든 실수가 무효화되었다. 공격은 무의미하고, 평화가 왔다. 커리큘럼의 목표가 달성되었다. 생각들은 지옥을 떠나 천국을 향한다. 모든 열망이 충족되었다. 왜냐하면, 무엇이 응답 받지 못하거나 불완전한 채 남아있겠는가? 마지막 환상이 온 세상에 퍼져나가 뒤덮으면서, 모든 것을 용서하고 모든 공격을 대체한다. 완전한 역전이 성취되었다. 하느님의 **말씀**을 반박할 것은 아무것도 남아있지 않다. 진리에 대한 반대도 전혀 없다. 이제 진리가 마침내 올 수 있다. 이러한 세상에 들어와 감싸달라는 청을 받는 순간, 진리는 얼마나 속히 올 것인지!

4 살아있는 가슴은 모두 깊은 기대로 설레면서 잠잠하다. 영원히 계속되는 것의 때가 눈앞에 다가왔기 때문이다. 죽음은 없다. 하느님의 아들은 자유롭다. 그리고 그의 자유 안에서 두려움이 끝난다. 이제 땅에는 병적인 환상, 두려움의 꿈, 우주에 대한 그릇된 지각을 비호할 그 어떤 숨겨진 장소도 남아있지 않다. 모든 것이 빛 속에서 보이며, 그 빛 속에서 모든 것의 목적이 변형되고 이해된

다. 그리고 우리, 하느님의 아이는 흙에서 떨쳐 일어나 우리의 완벽한 죄 없음을 본다. 세상이 들려져 진리로 가져가질 때, 온 세상에 천국의 노래가 울려 퍼진다.

5 이제는 아무런 구분도 없다. 다른 점들은 사라졌고, **사랑**이 그 자신을 바라본다. 더 이상 무엇을 볼 필요가 있겠는가? 비전이 성취할 수 있는 그 무엇이 남아있겠는가? 우리는 그리스도의 얼굴을, 그의 죄 없음을, 모든 형식과 모든 목적 너머에 있는 그의 사랑을 보았다. 우리는 정녕 거룩하다! 그리스도의 거룩함이 우리를 정녕 해방시켰고, 우리는 그의 거룩함을 있는 그대로, 우리의 것으로 받아들이기 때문이다. 하느님이 우리를 창조하신 그대로, 우리는 영원무궁토록 그렇게 남아있을 것이다. 우리는 다른 무엇도 아닌 하느님의 **뜻**만이 우리 자신의 뜻이 되기를 소망한다. 다른 뜻이라는 환상은 사라졌으니, 우리는 목적의 단일성을 발견했기 때문이다.

6 이러한 것들이 우리 모두를 기다리고 있지만, 우리는 아직 그것들을 기쁘게 맞아들일 준비가 되지 않았다. 어떤 마음이라도 악몽에 사로잡혀 있는 한, 지옥에 대한 생각은 생생하다. 하느님의 교사에게는 잠든 이들의 마음을 깨워서, 그곳에서 그리스도의 얼굴의 비전이 그들이 꿈꾼 것을 대체하는 것을 본다는 목표가 있다. 살인의 생각이 축복으로 대체된다. 판단을 포기하여, 판단이 자신의 기능인 성령께 드린다. 그리고 하느님의 최후의 심판에서, 하느님의 거룩한 아들에 대한 진리가 회복된다. 그는 구원되었으니, 그는 하느님의 **말씀**을 들었고 그 의미를 이해했기 때문이다. 그는 하느님의 **음성**으로 하여금 진리를

선포하도록 하였기에, 자유롭다. 하느님의 아들이 전에 십자가에 못 박으려고 했던 모든 이와 함께 하느님을 만날 준비를 함에 따라, 그들은 하느님의 아들 곁에서 함께 부활한다.

29. 그 밖의 주제에 대해

1 이 지침서는 교사와 학생이 제기할 수도 있는 모든 질문에 답하려고 하지 않는다. 사실 이것은 텍스트와 워크북의 주요 개념 중 일부를 간단히 요약한다는 면에서, 보다 분명한 질문 몇 가지만 다룰 뿐이다. 이것은 텍스트나 워크북에 대한 대체물이 아니고, 단지 부록일 뿐이다. 이것은 교사를 위한 지침서라 불리기는 하지만, 시간만이 교사와 학생의 구분을 만들며, 따라서 그 차이는 정의상 일시적임을 반드시 기억해야 한다. 어떤 경우에는 학생이 이 지침서를 먼저 읽는 것이 도움이 될 수도 있을 것이다. 다른 학생은 워크북으로 시작하는 편이 나을 수도 있다. 또 다른 학생은 텍스트의 보다 추상적인 수준에서 시작할 필요가 있을 수도 있다.

2 무엇이 누구를 위한 것인가? 단지 기도만으로 더 도움을 받을 자는 누구인가? 더한 것에는 아직 준비가 되지 않아서, 그저 미소만 지어줄 필요가 있는

자는 누구인가? 그 누구도 이 질문에 혼자 답하려고 해서는 안 된다. 물론 이를 깨닫지 못한 채 이만큼 온 하느님의 교사는 아무도 없다. 이 커리큘럼은 개인의 요구에 고도로 맞춰져 있다. 모든 측면은 성령의 특별한 보살핌과 안내 아래 있다. 물어라, 그러면 성령이 답할 것이다. 책임은 성령께 있고, 성령만이 책임을 맡기에 합당하다. 그렇게 하는 것이 성령의 기능이고, 질문을 성령께 맡기는 것이 너의 기능이다. 너는 네가 거의 이해하지 못하는 것에 대한 결정을 책임지고 싶은가? 네게는 실수할 수 없는 **교사**가 있음에 기뻐하라! 그의 대답은 언제나 옳다. 너의 대답도 그렇다고 말하겠는가?

3 결정을 점점 더 자주 성령께 맡기는 데는 또 하나의 이점이 있는데, 이것은 아주 중요한 점이다. 어쩌면 너는 이 측면에 대해 생각해보지 않았을 수도 있지만, 그 중요성은 명백하다. 성령의 안내를 따르는 것은 너 자신이 죄의식에서 벗어나게 하는 것이다. 이것은 속죄의 정수다. 이것은 커리큘럼의 핵심이다. 너 자신의 기능이 아닌 기능을 상상 속에서 강탈하는 것이 두려움의 근저를 이룬다. 네가 보는 세상 전체가 네가 그렇게 했다는 환상을 반영하여, 두려움을 불가피하게 만든다. 따라서 그 기능을 그것이 본래 속한 성령께 돌려드리는 것이 두려움에서 벗어나는 길이다. 바로 이것이야말로 사랑에 대한 기억이 네게 돌아오게 해 주는 것이다. 그러니 단지 너 자신의 부족함 때문에 성령의 안내를 따를 필요가 있다고 생각하지 마라. 그것은 네가 지옥에서 벗어나는 길이다.

4 여기에 수업에서 자주 언급하는 역설이 다시 나온다. "저 혼자만으로는 아무것도 할 수 없습니다."라고 말하는 것은 모든 권능을 얻는 방법이다. 하지

만 이것은 역설처럼 보인다. 하느님이 창조하신 대로의 너에게는 모든 권능이 있다. 네가 너를 가지고 지어낸 이미지는 아무런 권능도 없다. 성령은 너에 대한 진리를 안다. 네가 만든 이미지는 그렇지 않다. 그러나 그 뻔하고도 철저한 무지에도 불구하고, 그 이미지는 자신이 모든 것을 아는 체 한다. 왜냐하면 네가 그 이미지에게 그런 믿음을 부여했기 때문이다. 이러한 것이 바로 너의 가르침이고, 너의 가르침을 떠받치기 위해 만들어진 세상의 가르침이다. 하지만 진리를 아는 **교사**는 너에 대한 진리를 잊지 않았다. 그의 결정은 공격으로부터 완전히 자유롭기에, 모두를 이롭게 한다. 따라서 그의 결정은 죄의식을 일으킬 수 없다.

5 자신이 갖지 않은 권능을 떠맡는 자는 자기 자신을 속이는 것이다. 하지만 하느님이 주신 권능을 받아들이는 것은 단지 자신의 창조주를 인정하고 그의 선물을 받아들이는 것이다. 그의 선물에는 한계가 없다. 너를 대신해 결정해 달라고 성령께 청하는 것은 그저 너의 진정한 유산을 받아들이는 것에 지나지 않는다. 이것은 네가 성령께 조언을 구하지 않고서는 아무것도 결정할 수 없다는 뜻인가? 전혀 아니다! 그것은 도무지 실용적이지 않을 것인데, 실용적인 것이야말로 이 수업이 가장 관심을 두는 것이다. 때와 장소가 허락할 때마다 도움을 청하는 습관을 들여 놓는다면, 필요할 때 지혜가 주어질 것임을 확신해도 좋다. 매일 아침 그것을 준비하라. 하루 종일 할 수 있을 때마다 하느님을 기억하고, 가능할 때마다 성령께 도움을 청하라. 그리고 밤에는 안내해 준 것에 대해 성령께 감사드려라. 그러면 너의 확신은 정녕 탄탄한 토대 위에 설 것이다.

6 성령은 너의 말에 의존하지 않는다는 것을 결코 잊지 말라. 성령은 너의 가슴의 요청을 이해하고 그에 답할 것이다. 이것은 네가 여전히 공격에 매력을 느끼는 동안은 성령이 악의로 응답할 것임을 의미하는가? 그렇지 않다! 하느님은 성령에게 너의 가슴의 기도를 성령의 언어로 번역할 능력을 주셨기 때문이다. 성령은 공격이 도와달라는 요청임을 안다. 그에 맞춰 성령은 도움으로 응답한다. 만약 하느님이 너의 말이 당신의 **말씀**을 대체하도록 내버려 두신다면, 하느님은 잔인한 분이실 것이다. 사랑 많은 아버지는 아이가 자신을 해치거나 자기 파괴를 선택하도록 내버려두지 않는다. 아이는 상처를 입겠다고 요구할지 몰라도, 아버지는 여전히 아이를 보호할 것이다. 그렇다면 너의 아버지는 당신의 아들을 이보다 얼마나 더 사랑하시겠는가?

7 너는 하느님의 완성이며 그의 **사랑**임을 기억하라. 너의 약함은 그의 강함임을 기억하라. 하지만 이 말을 성급하게 읽거나 잘못 읽지 말라. 하느님의 강함이 네 안에 있다면, 네가 너의 약함이라고 지각하는 것은 단지 환상에 불과하다. 하느님은 네게 그것이 그러함을 증명할 수단을 주셨다. 모든 것을 그의 **교사**에게 물어라, 그러면 모든 것이 네게 주어진다. 미래가 아니라 즉시, 바로 지금 주어진다. 하느님은 기다리지 않으시니, 기다림은 시간을 함축하지만 하느님은 무시간적이시기(timeless) 때문이다. 너의 어리석은 이미지들, 네가 연약하다는 느낌, 위해(harm)에 대한 두려움, 너의 위험한 꿈과 선택된 "비행(wrongs)"을 잊어라. 하느님은 다만 당신의 아들만 아실뿐이다. 그리고 그는 그가 창조되었던 대로, 지금도 그러하다. 나는 확신 속에 너를 하느님의 손에 맡기며, 이것이 그러함에 대해 너를 대신해 감사드린다.

8 이제 네가 하는 모든 일에서 너를 축복하노라.

하느님이 세상 구원을 도우라고 네게 청하신다.

하느님의 교사여, 하느님이 네게 감사하신다.

온 세상은 네가 하느님에게서 가져다주는

은혜 속에 고요히 서있다.

너는 하느님이 사랑하시는 아들로서,

시간에 속한 모든 것을 마감하고,

보이는 모든 것의 모습을 끝내고,

변하는 모든 것을 무효화하기 위해,

하느님의 **음성**이 온 세상에 울려 퍼지게 하는

수단이 될 수 있다.

너를 통해,

본 적도 없고 들은 적도 없지만

참으로 존재하는 세상이 들여와진다.

너는 참으로 거룩하도다.

너의 빛 속에서 세상은 너의 거룩함을 반영하니,

너는 혼자가 아니고,

친구가 없지 않기 때문이다.

너의 수고는 나는 물론 나와 더불어 하느님께 걸어가는

모든 이를 위한 것임을 알기에,

나는 너를 주신 것에 대해 하느님께 감사드리며

하느님의 일을 하는 너의 수고에 합세하노라.

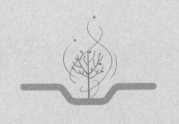

[A COURSE IN MIRACLES - MANUAL FOR TEACHERS]